Das historische Berlin

Paul Wietzorek

DAS HISTORISCHE BERLIN

Bilder erzählen

MICHAEL IMHOF VERLAG

Bildnachweis: Sammlung Wietzorek und Michael Imhof Verlag,
„Album von Berlin", Berlin o. J. (um 1910);
S. 102 oben: Die Bau- und Kunstdenkmäler von Berlin, Berlin 1893,
Tafel XVI.

© 2008 (4. Auflage, 1. Auflage 2005)
Michael Imhof Verlag GmbH & Co. KG,
Stettiner Straße 25, D-36100 Petersberg
Tel. 0661/9628286; Fax 0661/63686
www.imhof-verlag.de
info@imhof-verlag.de

Gestaltung und Reproduktion: Michael Imhof Verlag
Druck: Grafisches Centrum Cuno, Calbe
Printed in EU

ISBN 978-3-86568-050-1

Vorwort

Der vorliegende Band kann ein Begleiter zur Entdeckung des alten Berlin sein, indem er die Stadt in Aufnahmen aus der Zeit um 1900 vor Augen führt und einlädt, zu vergleichen zwischen damals und heute. Einleitende Kapitel berichten über die Geschichte der Stadt, über das kaiserlich-königliche Berlin und zeigen die historische Entwicklung in alten Ansichten und Plänen. Schließlich wird der Leser oder Betrachter zu einem historischen Rundgang eingeladen, der mit folgenden Stationen umrissen sein soll: Alexanderplatz, Rotes Rathaus, Schloss, Dom, Museumsinsel, Unter den Linden, Friedrichstraße, Brandenburger Tor, Reichstag, Siegesallee, Potsdamer Platz, Hallesches Tor, Gendarmenmarkt, Märkisches Museum. Vom Nollendorfplatz geht es über den Viktoria-Luise-Platz in Schöneberg weiter nach Charlottenburg. Der Band befasst sich also vor allem mit den beiden großen Zentren der Stadt: Berlin Mitte und eben Charlottenburg oder, um es in Straßennamen auszudrücken, mit der Umgebung der Linden und des Kurfürstendamms.

Gendarmenmarkt um 1910

Berlin – Geschichte in Zahlen

9. Jt. v. Chr.	Ständige Besiedlung des Berliner Gebiets
4. Jt. v. Chr.	Nutzung als Bauernland
6. Jh. v.Chr.	Germanische Landnahme
1. Jh. v.Chr.	Ansiedlung der Semnonen
Um 375	Völkerwanderung, Abzug der Semnonen
6. Jh.	Slawische Zuwanderung (Heveller, Sprewanen)
9. Jh.	Älteste slawische Burganlage in Köpenick
983	Slawenaufstand
1134–1170	Albrecht der Bär, erster askanischer Markgraf
1197	Erste Erwähnung der Burg Spandau
2. H. 12. Jh.	Erste deutsche Ansiedlung auf zwei unbewohnten Spreeinseln an einem günstigen Flussübergang mit wichtigen Handelswegen: Berlin und Cölln
Um 1210	Niederlassungen der Templer: Tempelhof, Mariendorf, Marienfelde
Um 1230	Stadterhebung Berlins und Cöllns
1237	Erste urkundliche Erwähnung Cöllns als *civitas coloniensis* oder *colonia*
1244	Erste urkundliche Erwähnung Berlins
1245	Gründung des Franziskanerklosters
1253	Ältestes Stadtsiegel Berlins
Um 1270	Baubeginn der Marienkirche
1280	Einrichtung einer Münzprägeanstalt
1307	Zusammenschluss Berlins und Cöllns, gemeinsame Verteidigung und Vertretung nach außen

Ältestes Stadtsiegel Berlins mit dem brandenburgischen Adler (Mitte 13. Jh.).

1319	Tod des letzten askanischen Markgrafen
1324	Ludwig I. d. Ä. erster Markgraf aus dem Haus Wittelsbach
1325	Ermordung des Propstes Nikolaus von Bernau, päpstliche Bannung der Stadt
1340/80	Bau der Marienkirche (1. Erwähnung 1292, Vollendung A. 14. Jh., Erneuerung bis 1380)
1359	Aufnahme in die Hanse
1372	Erhebung Wenzels, des Sohns Kaiser Karls IV:, zum Kurfürsten und Markgrafen
1375	Zollhoheit, Münzrecht und Gerichtsbarkeit der Stadt
1376 u. 1380	Verheerende Stadtbrände

Die Bären schützen nicht mehr den Adler, vielmehr ist der Bär an den Adlerschild gebunden (Siegel zwischen 1338 und 1448).

1411	Ernennung des Nürnberger Burggrafen zum Verweser und Hauptmann der Mark
1415	Belehnung Friedrichs I. aus dem Haus Hohenzollern mit der Mark Brandenburg, Verleihung der Kurfürstenwürde
1432	Bildung der Gesamtstadt aus Berlin und Cölln mit einheitlicher Verwaltung
1436	Erwerb mehrerer Johanniterdörfer: Rixdorf, Tempelhof, Mariendorf, Marienfelde
1442	Erhebung der Zünfte gegen den Rat; Eingreifen Friedrichs II.; weitgehende Beschneidung der Rechte der Stadt; Beginn des Baus der Hohenzollernburg

Auf diesem Stadtsiegel flankieren zwei gepanzerte Bären den Adlerschild (Ende 13. Jh.).

*Der branden-
burgische Adler
steht auf dem
Rücken des Ber-
liner Bären,
nachdem die
Hohenzollern
die Stadt unter-
worfen haben
(Siegel zwi-
schen 1460 und
1700).*

1576 Pestepidemie mit rund 4000 Toten; weitere Epidemien 1598, 1611, 1630/31

1613 Übertritt Johann Sigismunds zum reformierten Glauben; Streit mit den Lutheranern

1617 Erste Wochenzeitung

1640 Beginn der Regentschaft Friedrich Wilhelms, des Großen Kurfürsten; verstärkte Ansiedlung von Kaufleuten, Handwerkern, Manufakturen; Entste-

1448 Einwohnerzahlen: Berlin um die 6000 und Cölln um die 3000 Bürger

1470 Erhebung Berlins zur Residenzstadt

1501 Pestepidemie

1516 Gründung des Kammergerichts

1537 Erster protestantischer Pfarrer an der Petrikirche

1539 Übertritt des Kurfürsten und des Rats der Stadt zum Protestantismus

1550 Einwohnerzahl Berlins u. Cöllns: 12 000, 1 800 Häuser

1571 Einrichtung des 1. kaufmännisch-industriellen Unternehmens, einer Druckerei und Schriftgießerei durch Leonhard Thurneisser

1572 Bau der 1. Wasserleitung unter Bürgermeister J. Blanckenfelde

*Der Bär im Wappenschild unter den preußischen
Hoheitszeichen steht zwar aufrecht, trägt aber
noch immer ein Halsband, das erst 1875 durch
Magistratsbeschluss abgenommen wurde (Wappen
Berlins 1839-1875).*

11

hung der neuen Stadtteile Dorotheenstadt und Friedrichswerder

1648 Ende des 30-jährigen Kriegs; 7500 Einwohner

1658 Baubeginn der Festungswerke

1681 Beginn der Einwanderung französischer Glaubensflüchtlinge (Refugiés); Anteil an der Bevölkerung 1688 etwa 20 %

1685 Vergeblicher Versuch der Gründung einer Börse; Aufnahme der Hugenotten

1688 Tod des Großen Kurfürsten; Nachfolger: sein Sohn Friedrich III., als erster preußischer König ab 1701 Friedrich I.

1695 Baubeginn des Lustschlosses Lietzenburg für die Kurfürstin Sophie Charlotte, 1705 Umbenennung in Charlottenburg

1695 Bau des Zeughauses nach Plänen von Arnold Nehring, Fertigstellung 1706 durch Martin Grünberg, Andreas Schlüter, Jan de Bodt

1698 Baubeginn des Schlüterbaus des Schlosses, Vollendung 1716 durch Eosander von Göthe

1700 Gründung der Akademie der Wissenschaften durch Gottfried Wilhelm Leibniz und die Kurfürstin/Königin Sophie Charlotte

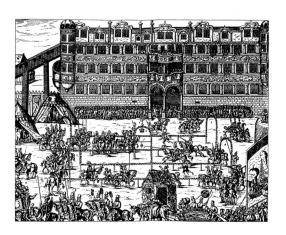

Die Radierung von Philipp Uffenbach zeigt „Aufzüge und Ring-Rennen, so gehalten wurden nach des Kurfürsten v. Brandenburg Kindtaufe zu Coelln an der Spree 1592." Dem bereits bestehenden Schloss hatten die sächsischen Baumeister Krebs und Theyss seit 1538 einen offensichtlich prachtvollen Renaissancebau angefügt, dessen Treppentürme sogar zu Pferd zu bewältigen waren. Der pfeilergestützte Holzgang auf der linken Seite führte zur Hofkirche. Vor dem Schloss lag der große Turnierplatz, die Stechbahn.

1701	Berlin Hauptstadt des neugegründeten Königreichs Preußen; Selbstkrönung Friedrichs I. in Königsberg; Bau der Friedrichstadt
1709	Zusammenschluss der Stadtgemeinden Berlin, Cölln, Friedrichswerder, Dorotheenstadt, Friedrichstadt: 50 000 Einwohner
1714	Verbot von Hexenprozessen
1717	Einführung der allgemeinen Schulpflicht in Preußen
1721	Erste Ausgabe der *Berlinischen Privilegierten Zeitung*, später *Vossische Zeitung* (bis 1934)
1725	Gründung der Russischen-Handels-Companie
1726	Gründung der Charité (früheres Pestkrankenhaus)
1730	Zuzug böhmischer Glaubensflüchtlinge
1732	Zuzug Salzburger Protestanten und böhmischer Glaubensflüchtlinge
1734	Bau einer 14,5 km langen Mauer mit 14 Toren zur Verhinderung von Desertionen und Zollbetrügereien
1740	100 000 Einwohner
1740–86	Friedrich II. der Große, der Alte Fritz
1747	Bau der Hedwigskathedrale, Vollendung 1773

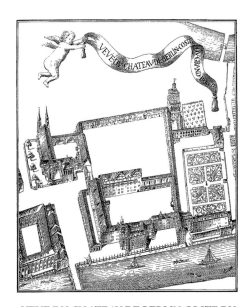

„VEVE DV CHATEAV DE BERLIN COSTE DV GRAND PONT" = Ansicht des Schlosses zu Berlin von der Seite der Großen Brücke aus. Aus dem Lageplan von La Vigne 1685.

1748	Bau eines Stadtpalastes für Prinz Heinrich: seit 1810 Humboldt-Universität

1751	Gründung einer Porzellanmanufaktur; seit 1763 Königliche Pozellanmanufaktur KPM
1754	Abschaffung der Folter
1755	Eröffnung einer Stahlfabrik mit englischen Arbeitern
1760	Besetzung durch österreichische und russische Truppen
1784	Einführung der Hausnummern
1785	Bau des Schlosses Bellevue
1788	Bau des Brandenburger Tors; Einführung des Abiturs an den Jungengymnasien

Wappen des Königreichs Preußen, 19. Jahrhundert

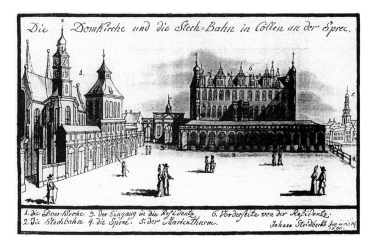

„Die Domkirche und die Stech-Bahn in Cöllen an der Spree" 1690, von Johann Stridbeck.

1799	Erste Dampfmaschine Berlins in der Porzellanmanufaktur
1800	Erste innerstädtische Briefpost
1806	Einzug Napoleons
1807	Preußische Reformen nach der Niederlage gegen Napoleon: Agrarreform (Bauernbefreiung), Militärreform, Städteordnung, Bildungsreform

„Die St. Marien-Kirche, welche über 400 Jahr alt ist, der Thurn aber ist, wie er sich hier praesentiret, Anno 1666 erbauet worden." Randdarstellung aus einem Berlin-Plan von 1738, gezeichnet von Johann Friedrich Walther, gestochen von Georg Paul Busch.

„Die St. Nicolai oder Haupt-Kirche zu Berlin, welche über 400 Jahr gestanden hat." Randdarstellung aus einem Berlin-Plan von 1738, gezeichnet von Johann Friedrich Walther, gestochen von Georg Paul Busch.

1809	Einführung der Selbstverwaltung im Zug der Steinschen Städteordnung (Preußische Reformen)
1810	Tod der Königin Luise; Eröffnung der Berliner Universität; Einführung der Gewerbefreiheit
1811	Einrichtung des ersten deutschen Turnplatzes durch Friedrich Ludwig Jahn in der Hasenheide

Das Rondell, der spätere Belle-Alliance-Platz und heutige Mehringplatz, mit dem Halleschen Tor, Blickrichtung stadteinwärts. Um die Flucht zum Militärdienst gepresster Soldaten zu verhindern und um wirksamere (Steuer)kontrollen zu gewährleisten, ließ König Friedrich Wilhelm I. nach eigenen Plänen Stadttore und Mauern errichten. Die Darstellung eines unbekannten Malers zeigt die Platzanlage um 1730.

1815	Zulassung von 32 Pferdedroschken
1816	Bau der Neuen Wache durch Karl Friedrich Schinkel
1818	Gründung der Städtischen Sparkasse
1820	Bau der ersten Mietskasernen vor dem Oranienburger und dem Hamburger Tor (Vogtland)
1825	Erste Berliner Pferdebahn
1826	Erste Gasanstalt; Gaslaternen Unter den Linden
1830	Durch die Pariser Julirevolution ausgelöste Straßenkämpfe
1837	Gründung der Maschinenfabrik August Borsig
1838	Erste Eisenbahnlinie (nach Potsdam)
1839	Untersagung der Kinderarbeit in den Fabriken
1844	Eröffnung des Zoologischen Gartens
1846	Zulassung von fünf privaten Pferdeomnibuslinien

1812	Gleichberechtigung der jüdischen Mitbürger durch das Emanzipationsedikt
1813	Beginn der Befreiungskriege, Ende der französischen Besetzung Berlins
1814	Rückkehr der von Napoleon geraubten Quadriga auf das Brandenburger Tor

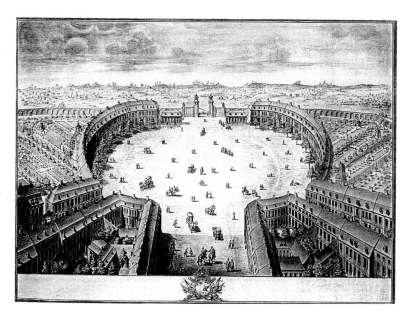

Der Belle-Alliance-Platz mit dem Halleschen Tor, Blickrichtung stadtauswärts, Darstellung von C. H. Horst um 1740. Zusätzlich zur vorigen Abbildung sind deutlich die Umfassungsmauern erkennbar.

1847	Bau einer Telegraphenanstalt durch Werner von Siemens und Georg Halske
1848	Ausbruch der Revolution
1850	Gründung der Industrie- und Handelskammer; Beginn des Dampferverkehrs auf der Spree
1855	Erste Plakatsäulen: Litfass-Säulen benannt nach dem Buchdrucker Ernst Litfass
1856	Erstes Wasserwerk
1861–88	Wilhelm I.
1866	Hauptstadt des Norddeutschen Bundes; deutscher Bruderkrieg zwischen Preußen und Österreich
1868	Niederlegung der Zollmauer

1870–71	Preußisch-deutscher Krieg gegen Frankreich
1871	Reichshauptstadt; 827 000 Einwohner; Gründerzeit (Bautätigkeit, Wohnungsnot, industrieller Aufschwung, Bodenspekulation)
1873	Bau der Siegessäule; Beginn der Kanalisation
1877	1 000 000 Einwohner
1878	Berliner Kongreß
1879	Erste elektrische Eisenbahnlokomotive (Siemens & Halske)
1880	Berufung Robert Kochs nach Berlin, Entdeckung des Tuberkuloseerregers (1882) und des Choleraerregers (1884)
1881	Einführung des Fernsprechbetriebs; erste elektrische Straßenbahn (Lichterfelde); Ausbau des Kurfürstendamms
1882	Eröffnung der S-Bahn zwischen Charlottenburg und Schlesischem Bahnhof
1883	Gründung der Allgemeinen Electricitäts-Gesellschaft (AEG) durch Emil Rathenau
1885	Eröffnung des Modehauses der Gebrüder Wertheim, später Warenhauskonzern
1886	Gründung des Verlags Samuel Fischer
1888	Dreikaiserjahr: Tod Wilhelms I., Tod Friedrichs III., Thronbesteigung Wilhelms II.
1891	Erste Gleitflüge Otto Lilienthals; Gründung der Zeitschrift *Berliner Illustrierte* (Vorbild fast aller illustrierten Zeitschriften der Welt)
1894	Fertigstellung des Reichstagsgebäudes; Beginn der Bauarbeiten am Dom
1895	Fertigstellung der Kaiser-Wilhelm-Gedächtniskirche; erste Kinovorführungen im Wintergarten
1898	Gründung der *Berliner Secession*
1899	Baubeginn der Siegesallee im Tiergarten („Puppenallee")
1900	Begründung der modernen (Atom-) Physik durch Max Plancks Quantentheorie
1901	Erstes Privatauto
1902	Erste Hochbahn zwischen dem Hallenschen Tor und der Warschauer Brücke (U-Bahn)
1905	Mehr als 2 000 000 Einwohner
1906	Auftreten Wilhelm Voigts, des „Hauptmanns von Köpenick"
1910	Gründung der Kaiser-Wilhelm-Gesellschaft, seit 1948 Max-Planck-Gesellschaft
1911	Gründung des Zweckverbands Groß-Berlin
1913	Eröffnung des Osthafens
1914–18	Erster Weltkrieg

Ansicht Berlins aus der 2. Hälfte des 18. Jahrhunderts. Von rechts sind zu sehen: die katholische Kirche St. Hedwig, das Opernhaus, das königliche Palais, das Schloss und das Zeughaus. Stich nach einer eigenen Zeichnung von J. Legeay; nach einem Druck von 1882.

| 1918 | Abdankung Wilhelms II., Ausrufung der Republik durch Philipp Scheidemann | 1919 | Ermordung Karl Liebknechts und Rosa Luxemburgs am Landwehrkanal |
| | | 1920 | Bildung einer einheitlichen Stadtge- |

meinde aus Berlin und seinen Vororten (7 Städte, 59 Landgemeinden, 27 Gutsbezirke); 878,35 km², 20 Bezirke, 3,8 Millionen Einwohner

1922 Ermordung des Reichsaußenministers Walther Rathenau in der Königsallee in Grunewald

1923 Höhepunkt der Inflation (Hungersnot, Aufruhr, Streiks, Plünderungen)

1928 Uraufführung der *Dreigroschenoper* von Weill und Brecht; Blütezeit von Kunst und Kultur; Rückkehr des Eisernen Gustavs von seiner Droschkenfahrt nach Paris

1930 Erscheinen von Döblins Roman *Berlin Alexanderplatz*

1933 Machtergreifung Hitlers

1934 Ende der *Vossischen Zeitung*; Verkauf des Ullstein-Verlags

Der Berliner Gendarmenmarkt um 1810. Links steht der Deutsche Dom; der Bau des 18. Jahrhunderts musste 1881/82 von Hermann von der Hude wegen Baufälligkeit neu errichtet werden. In der Mitte findet sich noch das alte Theater, an dessen Stelle später Schinkels Schauspielhaus trat. Der Französische Dom rechts stammt vom Anfang des 18. Jahrhunderts.

1936	Olympische Sommerspiele vom 1. bis 16. August
1937	700-Jahrfeier
1938	Umsetzung der Siegessäule vom Königsplatz zum Großen Stern (Erhöhung um 6,60 m); „Reichskristallnacht" (danach von zuvor 160 000 jüdischen Mitbürgern noch 75 000 in der Stadt)
1939–45	Zweiter Weltkrieg
1940	Erste britische Luftangriffe, 12 Tote am Görlitzer Bahnhof
1942	Wannseekonferenz („Endlösung der Judenfrage")
1943	Goebbels' berüchtigte Rede im Sportpalast zum „totalen Krieg"; schwere britische Flächenbombardierungen der Innenstadt (fünf Großangriffe im Nov./Dez.)
1944	Hinrichtung der Attentäter vom 20. Juli (des Obersten Graf Schenk von Stauffenberg und zweier Offiziere, im August Verurteilung und Hinrichtung weiterer etwa 200 Mitverschwörer)
1945	Eroberung durch russische Truppen; Sitz des Obersten Alliierten Kontrollrats; Teilung Berlins (Sektoren der vier Besatzungsmächte); Wiedereröffnung des Deutschen Theaters und der Hochschule für bildende Künste
1946	Wiedereröffnung der Universität;

Rathaus zu Berlin zur Zeit der Städteordnung (1808). Lithographie von L. E. Lütke 1827.

| | Zwangszusammenlegung von KPD und SPD zur SED |
| 1947 | Auflösung Preußens |

1948/49	Blockade Westberlins durch die Sowjetunion (Luftbrücke der „Rosinenbomber")	1961	13. Aug. Bau der Berliner Mauer
1949	Festschreibung der Teilung Deutschlands und Berlins; Gründung der Bundesrepublik und der DDR (SBZ, sog. DDR, DDR)	1963	26. Juni Besuch des US-Präsidenten John F. Kennedy („Ich bin ein Berliner")
1950	Sprengung des Stadtschlosses	1964	Baubeginn des Märkischen Viertels
1953	17. Juni Aufstand der Ost-Berliner Arbeiter gegen überhöhte Arbeitsnormen	1965	Bau des Europa-Centers am Breitscheid-Platz
1957	Einweihung der von den USA gestifteten Kongresshalle, der „Schwangeren Auster"	1969	Fertigstellung des Fernsehturms am Alexanderplatz (365 m hoch)
		1971	Wiederaufnahme des seit 1952 unterbrochenen Telefonverkehrs zwischen West- und Ost-Berlin
		1973	Abriss des Sportpalastes in der Potsdamer Straße

Die Friedrichswerdersche Kirche um 1830, gezeichnet und lithographiert von J. C. Reimsfeld.

„Das Hallesche Tor im Jahre 1845." Darstellung auf einem Fünfzig-Pfennige-Stadtkassenschein des Berliner Magistrats von 1921.

1976	Einweihung des Palastes der Republik
1979	Eröffnung des Internationalen Congress Centrums (ICC) am Messegelände
1987	Jubiläum: 750 Jahre Berlin
1989	9. Nov. Fall der Mauer
1990	1. Juli Währungsunion zwischen der Bundesrepublik und der DDR
1990	31. Aug. Unterzeichnung des Einigungsvertrages zwischen der Bundesrepublik und der DDR
1990	3. Okt. Wiedervereinigung Deutschlands, Ende der Teilung Berlins
1992	Umzug des Bundespräsidenten von Bonn nach Berlin
1999	Umzug des Deutschen Bundestags von Bonn nach Berlin

Kaiserlich-königliches Berlin

Im Bewusstsein der Deutschen spielt das Zweite Reich bis heute eine besondere Rolle als Zeit eines grandiosen nationalen Aufstiegs, der vielfach als Maßstab der eigenen politischen Identität diente und vielleicht noch immer dient. Nach jahrhundertelanger Zersplitterung gab es endlich wieder ein einiges Deutschland, zu dem jedoch die habsburgisch-österreichischen Lande nicht gehörten. Nicht die großdeutsche, sondern nur die kleindeutsche Lösung hatte verwirklicht werden können. Dennoch war ein langersehnter Traum endlich in Erfüllung gegangen. Im Zeitalter des Nationalismus ließen sich die Deutschen anstecken oder blenden vom Glanz des neuen Kaisertums. Dieser Glanz spiegelt sich auch in den Aufnahmen des vorliegenden Bandes wider, die überwiegend die Prachtbauten Berlins zeigen. Das andere Gesicht der Stadt, das der armen Leute, der Arbeiter, der Hinterhöfe, der Elendsquartiere, der Arbeitsuchenden, der Auswüchse der Industrialisierung taugten nicht als Motive von Ansichtskarten. So

Kaiserliches Wappen Wilhelms I. von 1871–1888

Kaiserliches Wappen Wilhelms II. von 1888–1918

wird auch die bis heute anhaltende, durchaus kontrovers geführte Beschäftigung mit dieser Epoche verständlich, zumal sehr viele Bereiche des öffentlichen wie privaten Lebens damals ihre grundlegende Gestaltung erhielten.

Berlin um 1900: mit dieser historischen Zuordnung verbinden sich die unterschiedlichsten Ansichten, Erinnerungen, Entwicklungen. Berlin war nach dem siegreichen Krieg gegen Frankreich seit 1871 die Hauptstadt des Deutschen Kaiserreichs, außerdem bereits seit 1701 die Hauptstadt des Königreichs Preußen, davor die Hauptstadt des Kurfürstentums Brandenburg, verfügte also über eine lange Tradition als Residenzstadt. Über die Jahrhunderte hatte Berlin in dieser Rolle allerdings eine eher untergeordnete Rolle gespielt, nicht zuletzt im Vergleich mit den Residenzen deutscher Kaiser und Könige wie Wien oder Prag.

Zur Begrüßung der im Krieg gegen Frankreich siegreichen deutschen Truppen, die am 16. Juni 1871 mit großem Jubel begangen wurde, stellte man unter anderem allegorische Figurengruppen auf den großen Plätzen Berlins auf. Die Siegesgöttin Viktoria am Potsdamer Platz steht für die kriegsentscheidende Schlacht bei Sedan am 2. September 1870 (Sedanstag), die beiden sitzenden Frauenfiguren stellen Allegorien der wieder zu Deutschland gehörenden alten Reichsstädte Straßburg und Metz dar. (Zeitgenössischer Holzschnitt in der Berliner Presse)

Die Reichsgründung von 1871 und vor allem die Ära Wilhelms II. brachten eine derartig rasante Entwicklung mit sich, dass Berlin schließlich zu den führenden Weltstädten zählte. Fontane schrieb seine märkischen Romane, Gerhart Hauptmann oder Arno Holz wirkten in Berlin, große Verlagshäuser wurden gegründet. Adolph von Menzel zeichnete und malte seine preußischen Motive ebenso wie das heraufziehende Maschinenzeitalter. Die kulturelle Führungsrolle Berlins war nicht zuletzt den weltbedeutenden Kunstsammlungen oder auch den vielen Museen und Theatern zu verdanken. Künstler wie Max Liebermann, Lovis Corinth, Max Slevogt, Käthe Kollwitz oder wie Erich Heckel, Ernst Ludwig Kirchner oder Karl Schmidt-Rottluff, wie Heinrich Zille oder auch der Theatermann Max Reinhardt und buchstäblich zahllose weitere Dichter, Schriftsteller, Verleger, Architekten, Bildhauer, Maler, Musiker oder Schauspieler trugen zum Ruhm der Stadt bei.

Nicht minder bedeutende Vertreter brachten die Geisteswissenschaften hervor, also Theologen, Philosophen, Historiker, Philologen, Archäologen usw. – Für die Naturwissenschaften seien nur Max Planck oder Albert Einstein genannt, denen ebenfalls eine nahezu unübersehbare Schar bedeutender Mathematiker, Physiker, Chemiker, Geografen, Techniker, Botaniker, Zoologen, Mediziner usw. hinzuzugesellen ist. – Nicht zu vergessen sind einflussreiche Vertreter aus Politik, Gesellschaft, Wirtschaft, Nationalökonomie und weiteren Bereichen, die gar nicht alle erwähnt werden können. – Berlin war das Zentrum des deutschen Großkapitals, der Banken, der Großunternehmen und der großen Warenhäuser. Berlin war die Stadt des Maschinenbaus wie der Elektroindustrie, überhaupt der Industrie wie des Handels und Gewerbes. Berlin war d i e deutsche Industrie-, Dichter- und Künstlerstadt schlechthin geworden.

Es erfolgte ein großzügiger Ausbau von Straßen und Eisenbahnanlagen, von Hoch- und U-Bahnen und Wasserstraßen. In zahlreichen Vororten entstanden Villenviertel und/oder Arbeitersiedlungen. Industriebereiche breiteten sich aus. Vormalige Landgemeinden stiegen zu kreisfreien Städten auf. In einem beispiellosen Bauboom wurden zahlreiche öffentliche Bauten errichtet, Kirchen, Schulen, Rathäuser, Theater, Museen usw., so dass Berlin mit einer Vielzahl beeindruckender Repräsentations- und Prachtbauten glänzte.

Dabei wurde die Architektur jener Zeit selbst von den Zeitgenossen sehr kritisch betrachtet, und so gibt es viele ablehnende Kritiken etwa zum Reichstag, zur Kaiser-Wilhelm-Gedächtniskirche, zum Dom oder anderen Bauten. Besonders hart gingen die Kritiker mit der im Zweiten Weltkrieg zerstörten Siegesallee um, die die Berliner respektlos „Puppenallee" nannten. Pikanterweise diente für einen der hohenzollernschen Vorfahren, den Ritter Wedigo von Plotho aus dem 14. Jahrhundert, ausgerechnet Heinrich Zille als Modell, dem Wilhelm II. damit unfreiwillig ein Denkmal setzen ließ, obwohl er Zilles Kunst als „Rinnsteinkunst" abqualifizierte.

Nicht zu vergessen ist die Tatsache, dass Berlin eine unübersehbare militärische Machtentfaltung zeigte und gar den „Griff nach der Weltmacht" wagte.

Insgesamt bot die Stadt ein sehr unterschiedliches Bild. Neben dem ungeheuren technischen Fortschritt, neben der unglaublichen Weiterentwicklung besonders der Naturwissenschaften, neben den unternehmerischen Freiheiten gerade der Gründerjahre, neben der Entwicklung der deutschen Arbeiterbewegung oder neben der weltweit fortschrittlichsten Sozialgesetzgebung (Kranken-, Unfall-, Invaliditäts-, Altersversicherung) gab es andererseits noch immer die eher veraltete Feudalordnung wilhelminischer Prägung.

Der dänische Dichter Martin Andersen Nexö bemerkte damals in seinen Reiseschilderungen zu dem rasanten Wandel Berlins: „Für den Ausländer, der in den beiden letzten Jahrzehnten vor dem Kriege regelmäßig nach Berlin kam, war jeder neue Besuch eine Überraschung. Von Jahr zu Jahr mußte man seine Vorstellung von der Stadt revidieren, so irrsinnig rasch war das Tempo, womit sie sich nach innen wie nach außen entwickelte. In verblüffender Hast wuchs die Stadt über Preußen hinaus und wurde Reichshauptstadt, sprengte auch diesen Rahmen und war bei Ausbruch des Weltkrieges durch ihre neugeschaffenen, gewaltigen Kunstsammlungen, durch ihre weltumspannenden Finanzinstitute, durch Musik, Theater, Ausländerverkehr und ihre internationale Halbwelt eine Art Weltzentrum, ja auf mehreren Gebieten *das* Weltzentrum. Die gewaltige Entwicklung der gesamten Nation – in Einwohnerzahl, Wohlstand, Geschmack – ließ sich von Jahr zu Jahr aus der Physiognomie der Stadt ablesen, die sprunghaft von dürftigem Provinzialismus zu Weltgeltung wechselte."

Und die Schauspielerin Tilla Durieux hielt in ihren Erinnerungen fest: „Berlin, diese wenig beschwingte Stadt gegenüber Wien, hatte angefangen, sich zu entwickeln. Die Frauen wurden eleganter und schöner, man verdiente Geld und gab es aus. Die Straßen blieben bis weit über Mitternacht hinaus belebt von Menschen und Wagen. Tanzlokale waren bis in die frühen Morgenstunden geöffnet. Zahllose kleine lustige Winkel existierten, wo man um drei oder vier Uhr morgens Erbssuppe mit Schweinsohr essen ging. Die Cafés schlossen kaum, und der Berliner, der die ganze Nacht gebummelt hatte, kam am Morgen früher als jeder andere Großstädter in das Büro. Es blieb ein Rätsel, wann der Berliner eigentlich schlief. Wir waren alle toll von Lebenslust und Tatkraft. Der Nachtbummel konnte uns nicht ermüden und kein Hindernis sein für die heftigsten Debatten über Kunstfragen, die den Tag erfüllten... In Halensee hatte man den Lunapark... zu einem großartigen Vergnügungsetablissement umgebaut, mit allen Überraschungen und Erfindungen, die man damals kannte. Überall gab es Geschrei, Gelächter und Fröhlichkeit. Ein großer Tanzsaal wimmelte Abend für Abend von Menschen, die es vorzogen, im Straßenanzug zu tanzen. Hier war der Treffpunkt der Boheme, der Maler, der Schriftsteller, hier traf man würdige Träger bekannter Namen, die sich plötzlich vergnügten und mit einem hübschen Mädel unermüdlich bis zum Morgen tanzten... Ein Rausch hatte ganz Berlin erfaßt."

Ein drittes zeitgenössisches Zitat beleuchtet die Situation Berlins nicht minder deutlich. Hildegard Freifrau von Spitzemberg notierte 1898: „Das Getriebe in den Hauptverkehrsstraßen wie Leipziger- und Friedrichstraße ist *förmlich betäubend*; die elektrischen Wagen und die Trams bilden eine ununterbrochene Linie, Wagen aller Art, Droschken, Drei- und Zweiräder

zu Hunderten fahren neben-, vor-, hinter- und oft aufeinander, das Läuten all dieser Vehikel, das Rasseln der Räder ist ohrenzerreißend, der Übergang der Straßen ein Kunststück für den Großstädter, eine Pein für den Provinzler. Behauptete doch Frau von Beulwitz, sie hätten sich anfangs gerührt umarmt, wenn sie nach solchem Übergange des Potsdamer Platzes sich gesund auf der Insel wiederfanden!"

Nicht weniger eindringlich wirkt die Schilderung der Schriftstellerin Anselm(a) Heine: „Sähe ein Unbeteiligter, Ruhiger, von irgendwoher hinein in dieses unablässige Rollen, Tuten, Drängen, Rufen, Scharren, Klingeln, in dieses Vorwärtsschieben und Umherwimmeln, es müßte ihm vorkommen, als jage ein böser Dämon alle diese Menschen dort im Kreise umher; wie in den Wirbelstürmen der Danteschen Hölle, atemlos und scheinbar zwecklos; wie das Mädchen im Andersenschen Märchen, dem die roten Schuhe an den Füßen haften und das nun tanzen muss – tanzen, bis es tot zu Boden sinkt.
... Donnernd überqueren die Züge der Stadtbahn die überfüllten Straßen mit ihrem Gewimmel von elektrischen Bahnen, Omnibussen, großen Geschäftsautomobilen, Handwagen, Frachtwagen, Bäcker-, Bier- und Milchwagen, Geschäftsomnibussen und Postfahrrädern, dazwischen die Weißhüte der Taxameterdroschken und die kanariengelben alten Postwagen,

dann ein Trupp mittelalterlich kostümierter Postillone; daneben jagt eine ganze Kolonne von Wagen und Warenfrachten, die den Güterverkehr zwischen dem Osten und dem Zentrum vermitteln."

Höchst bemerkenswert erscheint schließlich noch eine Äußerung Ernst Reuters, des späteren Oberbürgermeisters bzw. Regierenden Bürgermeisters von West-Berlin, der 1913 schrieb: „Berlin selbst ist mir höchst unsympathisch. Staub und entsetzlich viele Menschen, die alle rennen, als ob sie die Minute 10 Mark kostete."

In krassem Gegensatz zu dieser hektischen, glänzenden Seite von Verkehr und Industrie, von Vergnügungsstätten und Warenhäusern standen die vielfältigen Probleme einer Millionenstadt mit ungeheuren sozialen und wirtschaftlichen Schwierigkeiten, mit schlechten Arbeitsbedingungen, mit Kriminalität, Massenarmut und Wohnungselend, mit Obdachlosenasylen, mit bedrückenden Mietskasernen und trostlosen Hinterhöfen mit mangelhafter Hygiene, mit Gestank und Krach. Seiten- und Querflügel mit luft- und lichtarmen Wohnungen wurden hochgezogen und gruppierten sich um bis zu sechs Innenhöfe, die wegen der Feuerwehrvorschriften mindestens 5,3 Meter im Quadrat umfassen mussten und daher die Bezeichnung „Hof" nicht verdienten. Die ausgemergelten Gesichter in den Werken einer Käthe

Friedrichstraße, Passagehaus, 1874. Zeichnung von C. E. Doepler.

Kollwitz zeigen dieses andere Gesicht Berlins. Auch Heinrich Zille, der „Heilige der Hinterhöfe", hat dieses „Milljöh" und die berühmte

Berliner „Jöhre" vielfach gezeichnet. Dieses Milieu hat unter anderem zum Ruf Berlins beigetragen, sich vom „Spreeathen" zum „Spreechicago" zu entwickeln.

Die verschiedenen Bevölkerungsteile lebten weitgehend getrennt voneinander. Die gehobenen Kreise des Adels und Bürgertums benutzten in öffentlichen Verkehrsmitteln natürlich nur die 1. oder 2. Klasse, sie verweilten in den palastartig ausgebauten Bahnhöfen nur in den mit verschwenderischem Prunk ausgestatteten Wartesälen 1. Klasse, oder sie flanierten auf den Prachtstraßen.

Manche Bevölkerungsgruppe hatte ihr besonderes Quartier oder Domizil. Die Filmbranche etwa war an der Friedrichstraße zu Hause, wo das Panoptikum in der Großen Passage die Berliner begeisterte. Die betuchten Literaten tagten bei edlen Tropfen im „Schwarzen Ferkel", die weniger vermögenden verbrachten im Café „Größenwahn" bei einer Tasse Kaffee und vielen Tassen Wasser ihre Zeit, bis man dort Else Lasker-Schülers Wasserverbrauch einschränken wollte, woraufhin die Künstler ins Romanische Café übersiedelten und das „Größenwahn" angeblich schließen musste. Die Große Berliner Secession wiederum war am Lehrter Bahnhof beheimatet. Sie wurde 1898 von Walter Leistikow in bewußter Gegenbewegung gegen die wilhelminische Historienmalerei gegründet.

In großer Zahl strömten Intellektuelle und Studenten nach Berlin und füllten die Straßen und vor allem die Kaffeehäuser. Damals, im September 1886, prägte der Literaturhistoriker Eugen Wolff den Begriff „Die Moderne", und zwar während eines Vortrags im Hinterzimmer einer Kneipe am Spittelmarkt in der Alten Post-Straße. Die sozialen Probleme der Großstadt mit Wohnungselend, mit Alkoholismus, mit Prostitution, mit der Arbeiterfrage, der Integration der Juden, der vielfältigen Spannungen zwischen Regierenden und Untertanen lieferten Anschauungsmaterial und Stoffe und Motive und Inspiration für die Kunst dieser Moderne, die von den frühen Naturalisten bis zu den Frühexpressionisten reicht, die in bewusstem Gegensatz zur herrschenden wilhelminischen Gesellschaft und ihrer Auffassung von Kunst und Literatur standen.

Dass insbesondere die Naturalisten ihre künstlerischen Anregungen für die kritische Auseinandersetzung mit ihrer Zeit buchstäblich auf der Straße fanden, wird verständlich, wenn man den krassen Gegensatz zwischen den vornehmen Bürgerpalästen oder den Villenvororten sowie den Arbeitervierteln mit den bereits angesprochenen Mietskasernen samt ihren düsteren Hinterhöfen und den furchtbaren hygienischen Verhältnissen bedenkt. Die Menschen der unteren Gesellschaftsschichten lebten meist in überfüllten, schlecht ausgestatteten Wohnungen. Etwa 600 000 Berliner mussten um 1900 mit mehr als fünf Menschen in einem (!) Raum vegetieren. Allzu viele Alleinstehende waren gar froh, wenn sie wenigstens eine „Schlafstelle" fanden. Diese unglaublichen Verhältnisse veranlassten Heinrich Zille zu dem Seufzer: „Man kann mit einer Wohnung einen Menschen genauso gut töten wie mit einer Axt."

Die folgenden Zahlen und Statistiken sollen die bisherigen Ausführungen veranschaulichen. Das Kerngebiet Berlins war um 1900 rund 63 Quadratkilometer groß, durchzogen von mehr als 1000 vorbildlich gepflegten Straßen, mit 107 öffentlichen Plätzen, von denen wiederum 90 über gärtnerische Anlagen verfügten. Nicht zuletzt trugen 79 Brücken zum besonderen Erscheinungsbild der Stadt bei. Rund 25 000 Wohngebäude enthielten etwa 310 000 Haushaltungen. Einschließlich des Militärs betrug 1885 die ortsanwesende Bevölkerung, wie es damals hieß, 1 315 287 Einwohner, und zwar 631 878 männlichen und 683 409 weiblichen Geschlechts. Der Staatsangehörigkeit nach gab es 1 264 956 Preußen, 36 089 weitere Deutsche (zum Vergleich 1895: 1 650 201 Reichsangehörige), 5 794 Österreicher und Ungarn (1895: 11 764 Österreicher und 1.601 Ungarn), 2 746 Russen (1895: 4 338), 1 010 Engländer (1895: 1 387), 979 Nordamerikaner (1895: 1 720), 760 Schweizer, 653 Schweden und Norweger, 489 Dänen, 419 Italiener, 364 Franzosen (1895: 472), 253 Holländer, 116 Belgier usw. Die Bevölkerung verteilte sich wie folgt auf die Berliner Stadtteile:

	Stadtteile Berlins 1885	**Gebäude**	**Einwohner**
01.	Alt-Berlin, Alt-Cölln, Friedrichswerder (1653 für niederländische Zuwanderer gegründet), Dorotheenstadt (nach Kurfürstin Dorothea)	2.227	62.132
02.	Friedrichstadt (Gründung 1688)	1.846	69.026
03.	Untere Friedrich-Vorstadt und Schöneberger Vorstadt	1.870	87.925
04.	Untere Friedrich-Vorstadt und Tempelhofer Vorstadt	1.916	117.668
05.	Westlicher Teil der Luisenstadt jenseits des Kanals	1.249	97.695
06.	Östlicher Teil der Luisenstadt jenseits des Kanals	535	45.428
07.	Luisenstadt diesseits des Kanals und Neu-Cölln	2.559	130.411
08.	Östlicher Teil des Stralauer Viertels	1.678	101.631
09.	Westlicher Teil des Stralauer Viertels	934	66.413
10.	Königs-Viertel	1.316	76.521
11.	Spandauer-Viertel	1.666	73.124

12.	Südlicher Teil der Rosenthaler Vorstadt	1.278	88.709
13.	Nördlicher Teil der Rosenthaler Vorstadt	805	50.895
14.	Oranienburger Vorstadt	1.710	102.251
15.	Friedrich-Wilhelmstadt, Tiergarten und Moabit	1.402	73.360
16.	Wedding und Gesundbrunnen	1.743	69.526
17.	Schiffsbevölkerung		2.572
		24.734	**1.315.287**

Über den Bevölkerungsanstieg seit dem 17. Jahrhundert gibt die folgende Tabelle Aufschluss, die zugleich dokumentiert, dass der wesentliche Fortschritt bereits in den Jahren vor der Reichsgründung erfolgte.

Bevölkerungsentwicklung Berlins seit dem 17. Jahrhundert

1640	6.000	1840	330.230
1680	9.800	1852	483.958
1690	21.500	1861	547.571
1740	90.000	1871	826.341
1786	147.391	1875	966.858
1797	165.726	1880	1.122.330
1816	197.717	1885	1.315.287
1831	248.682	1888	1.421.766

In den Zahlen ist jeweils das Militär eingeschlossen. Um 1900 lagen in Berlin folgende Garderegimenter in Garnison: das 2., 3., 4. Garderegiment zu Fuß; das Gardefüsilierregiment; die Kaiser-Alexander-, Kaiser-Franz- und Köni-gin-Augusta-Gardegrenadierregimenter Nr. 1, 2, 4; das Gardekürassierregiment; das 1. Gardedragonerregiment Königin von Großbritannien und Irland; das 2. Gardedragonerregiment Kaiserin Alexandra von Rußland; das 2. Gardeulanenregiment; das 1. Gardefeldartillerieregiment; das Gardepionier- und Gardetrainbataillon; schließlich das 1., 2. und 3. Eisenbahnregiment sowie eine Luftschifferabteilung.

Einen besonders starken Zuzug erhielt Berlin bis zur Jahrhundertwende aus den preußischen Provinzen. Rechnet man den Anteil früherer Einwanderungen im 17. und 18. Jahrhundert aus Frankreich, den Niederlanden oder der Pfalz hinzu, kann man geradezu von einer Mischbevölkerung sprechen, die man in 35 Prozent germanischer, 36 Prozent romanischer, 24 Prozent slawischer und 5 Prozent israelitischer Abstammung hat unterteilen wollen.

Im Jahre 1912 besaß Berlin fast 2,1 Millionen Einwohner. Hinzuzurechnen waren 26

Nachbarstädte und Vororte, die bereits deutlich mit Berlin zusammengewachsen waren. Darunter befanden sich Großstädte wie Charlottenburg mit 310 000 Einwohnern, Neukölln mit 245 000, Schöneberg mit 174 000 und Wilmersdorf mit 114 000 Einwohnern, so dass Groß-Berlin damals 3,8 Millionen Menschen zählte.

Das äußere Erscheinungsbild der Stadt wandelte sich nicht zuletzt durch die seit 1864 niedergelegte Umfassungs- oder Zollmauer, die 19 Tore aufzuweisen hatte, von denen nur das Brandenburger Tor in seiner heutigen Gestalt als Stadttor, dann als Triumphtor, später als Mahnmal der geteilten und endlich als Symbol der wiedervereinten Stadt erhalten geblieben ist. Es wurde 1789–93 erbaut, und zwar in Anlehnung an die Propyläen auf der Athener Akropolis.

Eine Aufstellung der Berliner Denkmäler von 1905 ergab folgendes Bild: 232 Denkmäler insgesamt mit 716 Personen- und 128 Tierdarstellungen. An Einzeldenkmälern aus Erz oder Stein wurden 165 gezählt. Im Tiergarten wurden allein zwischen März 1898 und März 1905 nicht weniger als 48 Personendenkmäler sowie 14 Tiergruppen mit 36 Tierarten aufgestellt. Die Siegesallee zählte außerdem 114 Einzeldarstellungen.

1888 besaß die Stadt 71 evangelische Kirchen und Kapellen, 10 Synagogen und 8 katholische Kirchen und Versammlungshäuser. Die Zugehörigkeit zu den verschiedenen Religionsbekenntnissen belief sich 1895 auf 1 421 014 Protestanten (Lutheraner, Reformierte, Herrnhuter), 154 970 Katholiken, 480 Altkatholiken, 86 152 Israeliten, 187 Mennoniten, 1 531 Baptisten, 313 Anglikaner, 474 Methodisten, 3 073 Irvingianer, 393 griechisch Orthodoxe, 2 179 Freireligiöse, 6 630 Dissidenten, 1 007 Konfessionslose und Ungetaufte, 252 Atheisten. Die für die Zeit erstaunlich hohe Zahl von 29 566 Mischehen, wie sie damals hießen, lässt auf ein gedeihliches Miteinander der Konfessionen schließen.

Ende März 1887 sorgten 1554 Bogenlampen mit 22 362 Glühlampen für die Erleuchtung der Berliner Bürger und Straßen. Unter den Linden fanden sich 1888 bei einer Länge von einem Kilometer allein 108 elektrische Bogenlampen, während die Leipziger Straße beispielsweise auf anderthalb Kilometer lediglich 36 Bogenlampen aufwies.

Bis 1886 waren an die Kanalisation 16 179 Grundstücke angeschlossen, womit rund eine Million Menschen in den Genuss dieses technischen, hygienischen Fortschritts gelangte. 1897 erreichte das Kanalisationssystem eine Länge von rund 660 Kilometern, ausgelegt mit Tonrohren; weitere 168 Kilometer waren in festem Mauerwerk ausgeführt.

Für die Sauberkeit der Stadt sorgten 1897 fast tausend Menschen, die eine Straßenfläche von 9 017 917 Quadratmetern zu betreuen hatten, darunter 5 402 709 Quadratmeter Fahrdämme.

Für die Sicherheit der Bürger sorgten in den 80er Jahren 784 Feuerwehrmänner mit ihren 114 Pferden. Neben der Zentralstation gab es noch 12 weitere Feuerwachen, 246 Feuerwehrstationen und 257 Feuermeldeapparate, darunter 48 öffentliche.

Für die telefonische Kommunikation der Berliner sorgten 1886 rund 6 000 Fernsprechanschlüsse, für die 12 000 Kilometer Leitungen verlegt worden waren.

Besondere Beachtung verdient zweifellos das Armen- und Versorgungswesen. Die Armendirektion setzte sich aus 10 Stadträten, 14 Stadtverordneten, 10 Bürgerdeputierten und 4 Assessoren zusammen. Eine Abteilung war zuständig für die Verwaltung des Arbeitshauses und des Arbeitshaushospitals mit 1 200–1 500 Detinierten und 400–500 Hospitaliten, wie es damals hieß. Eine zweite Abteilung betreute das „Städtische Obdach" mit 1 200 obdachlosen Familien im Jahr und rund 800 Obdachlosen täglich. Die Verwaltung der Erziehungsanstalten unterstand einer weiteren Abteilung. Etwa 65 Armenärzte wirkten gegen ein geringes Honorar und 30 Spezialärzte sogar ohne Entschädigung. Die Kosten der öffentlichen Armenpflege beliefen sich 1896/97 auf 7 286 500 Mark. Rund 38 000 Almosenempfänger waren registriert. – Zusätzlich gab es noch eine private Armenpflege. Der Verein gegen Verarmung und Bettelei etwa unterstützte 1891 fast 5 000 Menschen mit Darlehen, Geschenken, Nähmaschinen und anderen nützlichen Dingen; oder der Asylverein für Obdachlose sorgte 1897 dafür, dass 275 610 Menschen ein Nachtquartier erhielten.

Für die Gesundheit der Berliner Bevölkerung sorgten neben den Professoren und Dozenten der Medizin fast 1 700 praktische Ärzte, mehr als 600 Hebammen, fast 140 Zahnärzte, 200 Heilgehilfen, 130 Apotheken und 430 Drogengeschäfte, wie damals noch die Drogerien hießen. Mit der königlichen Charité standen zahlreiche weitere Klinken in Verbindung; auch der Universität waren etliche Institute und Kliniken angeschlossen. Darüber hinaus gab es natürlich noch viele weitere öffentliche wie private Krankenhäuser, Institute, Anstalten oder Hospitäler, die den unterschiedlichsten Gesundheitsaufgaben gewidmet waren.

An der Spitze des Unterrichts- und Bildungswesens ist die Akademie der Wissenschaften zu nennen, gefolgt von der 1810 gegründeten Friedrich-Wilhelms-Universität (später: Humboldt-Universität), an der 1896/97 immerhin 5 620 Studierende von 85 ordentlichen, 13 ordentlichen Honorar- und 85 außerordentlichen Professoren, ferner von 173 Privatdozenten, 4 Lektoren, 2 Lehrern der Zahnheilkunde sowie 17 Sprachlehrern unterrichtet wurden. Unter den 4 363 Personen, die zusätzlich berechtigt waren, Vorlesungen zu besuchen, befanden sich auch 93 Damen. An weiteren Hochschulen sind zu erwähnen die Kriegsakademie, die Vereinigte Artillerie- und Ingenieurschule oder das Pädagogische Seminar für gelehrte Schulen. Nicht zu vergessen sind die kaiserlichen und königlichen Bildungsanstalten, Institute, Ämter, Akademien, Landes- und Reichsanstalten für unterschiedlichste Aufgaben wie Statistik, Archäologie, Militärärzte, Bergbau, Geologie, Landwirtschaft, Musik, Technik, bildende Künste, Tierärzte, orientalische Sprachen, Physik, Pharmakologie, Zoologie usw. usw. Auf die zahlreichen Museen, Theater, Bibliotheken und Sammlungen kann ebenfalls nur summarisch hingewiesen werden. Einen genaueren Überblick über die Zahl der Schulen vermittelt die folgende Aufstellung.

Berliner Schulen 1887

15	Gymnasien
1	Progymnasium
8	Realgymnasien
2	Oberrealschulen
1	Höhere Bürgerschule
11	Höhere Privatschulen
166	Volksschulen
53	Höhere Töchterschulen
10	Katholische Schulen
9	Jüdische Schulen
2	Schulen der ev. Brüdergemeinde
1	Katholische Mittelschule
4	Mittlere Handelsschulen
22	Fortbildungs- u. Gewerbefachschulen
2	Taubstummen-Unterrichtsanstalten
6	Militär-Lehranstalten
24	Kindergärten

Neben den angeführten königlichen, privaten oder konfessionellen Schulen existierten zahlreiche weitere Einrichtungen beispielsweise für Musik, also Singakademien oder Konservatorien.

Den Berlinern standen 1888 zu den unterschiedlichsten Zwecken 1 207 Vereine zur Verfügung, darunter 237 für Wissenschaft, Kunst und Erziehung, 147 für Handel und Gewerbe, 50 für politische Aktivitäten, 36 für religiöse Fragen, 24 für landsmannschaftliche Aufgaben, 13 für Wassersport, 9 für landwirtschaftliche Belange und 5 für radsportliche Unternehmungen. Aus der gewaltigen Zahl seien einige Beispiele wegen der geradezu (vielver)sprechenden Namen angeführt: Verein zur Beförderung des Gewerbefleißes in Preußen, Zentralverein für das Wohl der arbeitenden Klassen, Verein zur Beförderung der Erwerbsfähigkeit des weiblichen Geschlechts usw.

Für Unterhaltung und Information sorgten im gleichen Jahr 594 Tages-, Wochen- und Monatsblätter. Darunter befanden sich 357 Zeitschriften für Wissenschaft, Kunst, Handel und Gewerbe, 96 Unterhaltungs- und Sportblätter, 71 politische sowie 30 religiöse Zeitungen. Anfang 1896 erschienen bereits 741 Zeitungen und Zeitschriften, darunter 125 täglich; 64 Zeitungen waren amtlichen Charakters; 67 politisch ausgerichtet; 207 beschäftigten sich mit Kunst und Wissenschaft; 284 mit Industrie, Handel, Gewerbe und Landwirtschaft; 43 widmeten sich religiösen und 75 Zeitungen sonstigen Themen.

Um 1900 betrug der Anteil der „niedrigen Abhängigen", wie sie damals genannt wurden, also der Industriearbeiter, sowie der Angestellten in Handel und Gewerbe im engeren Stadtgebiet 54,8 Prozent, in den Nachbarstädten deutlich über 60 Prozent, in der Großstadt Rixdorf, das sich seit 1912 Neukölln nannte, sogar 71,3 Prozent. – Diese Zahlen künden bereits eindringlich von der Bedeutung Berlins als Handels-, Gewerbe- und Industriestadt. – Der Handel hat trotz der Binnenlage Berlins seit Jahrhunderten eine besondere Rolle gespielt. Für Artikel wie Getreide, Spiritus oder Wolle, ebenso für Bank und Wechselgeschäfte erlang-

te die Stadt bis Ende des 19. Jahrhunderts Weltgeltung. Weitere wesentliche Handelsgüter waren Mehl, Kolonialwaren, Zucker, Kohlen, Eisen, Drogen, Farbwaren, Petroleum, Öle, Leder und Holz. Nicht zu vergessen sind weiterhin Vieh- und Milchhandel oder auch der Buchhandel, für den Berlin als Verlagsort von hervorragender Bedeutung war. Im Handel Berlins waren beschäftigt:

Jahr	Selbständige	Gehilfen und Arbeiter
1730	206	197
1765	1.110	686
1846	4.464	5.513
1890	41.653	43.983

Welch bedeutenden Aufschwung die Stadt weiterhin im Gewerbebereich zu verzeichnen hatte, dokumentiert die folgende Zusammenstellung:

Jahr	Selbständige Gewerbetreibende	Abhängige Gewerbetreibende (Gehilfen, Arbeiter)	Selbständig beschäftigte Arbeiter
1730	3.748	4.382	1.166
1801	11.093	30.294	2.731
1861	39.674	89.428	2.254
1890	92.012	309.987	3.369
1895	147.324	497.278	10.637

Bedeutungsvoll waren vor allem die Metall- und Maschinenindustrie: Gießereien, Maschinenbau. Lokomotivbau, Eisenkonstruktionen, Pressen, Heizungs- und Beleuchtungsanlagen, Elektrizitätswerke, Werkzeugmaschinen, Waffenproduktion usw. Weiter sind zu nennen Nähmaschinenfabriken, elektrotechnische Fabriken, die Marmorwarenindustrie oder auch Anlagen zur Herstellung von Luxusartikeln, von geistigen Getränken, von Tabak oder Zigarren und Zigaretten, von Seifen oder Parfümerien, von Artikeln aus Ton, Steingut oder Porzellan (KPM), von Chemikalien und Farben. Hervorzuheben sind weiterhin Brauereien, Kunsttischlereien, Textil- und Modeindustrie, die Wäsche- und Bekleidungsfabrikation, die Herstellung von Papier- und Lederwaren oder auch Korbwaren. Einen hervorragenden Ruf genossen ferner die Instrumentenbauer (z. B. Bechstein) und die Produzenten mechanischer wie optischer Instrumente. Nicht zu vergessen sind Uhren,

Gummiwaren, Knöpfe, Kurz- und Spielwaren usw., alle diese Industriezweige haben auf ihre besondere Weise zum Wohlstand und zum Ruhm der Stadt beigetragen, haben sie zu einem der bedeutendsten Zentren von Industrie, Handel, Gewerbe und Verkehr überhaupt gemacht.

Es versteht sich fast von selbst, dass diese Stellung nur durch ein höchst leistungsfähiges Bank- und Versicherungswesen erreichbar war. An der wichtigsten Börse Deutschlands in Berlin wurden 1891 nicht weniger als 1 400 Kurse der unterschiedlichsten Werte notiert.

Industrie, Handel und Gewerbe sind, das liegt in der Natur der Sache, in besonderem Maße abhängig von großzügig ausgebauten Verkehrswegen. Bis zur Jahrhundertwende verfügte Berlin neben der Stadt- und Ringbahn sowie der Wannseebahn für den Personen- und Güterverkehr über sieben Bahnhöfe, in die 12 Fernverbindungen einmündeten: den Anhalter, den Potsdamer, den Lehrter, den Stettiner, den Schlesischen, den Görlitzer sowie den Militärbahnhof.

Den öffentlichen Personenverkehr bewältigten 1888 drei Pferdeeisenbahngesellschaften

Die Berliner Pferdeeisenbahn, die von 1865 bis 1902 verkehrte, erscheint auf einem Zwei-Mark-Schein des Berliner Magistrats von 1922. – Die Entwicklung des Nahverkehrs übte einen besonderen Einfluss auf den Dienstleistungsbereich aus. Der großzügige Ausbau des städtischen Straßennetzes wurde zur Voraussetzung für die Einführung und den steten Ausbau des öffentlichen Personennahverkehrs. Dazu zählten anfangs schienengebundene Pferdebahnen, später schienenunabhängige Omnibusse. Die erste elektrische Straßenbahn, von Siemens gebaut, fuhr 1881 in Berlin-Lichterfelde. Später folgten S-Bahnen und U-Bahnen.

mit 933 Pferdebahnwagen auf 218 884 Metern Gleisstrecken, ferner 217 Omnibuswagen, 390 Torwagen, 2 190 Droschken I. Klasse, 2 444 Droschken II. Klasse sowie 146 Gepäckdroschken. Bis 1896 war die Gleislänge auf mehr als 380 Kilometer gestiegen, auf denen annähernd 6 700 Pferde eingesetzt wurden. Die mit Dampf oder Elektrizität betriebenen Straßenbahnen spielten zu der Zeit noch eine sehr untergeordnete Rolle. Der Bau einer elektrischen Hochbahn durch die Firma Siemens & Halske begann 1896. Die erste „Kraftdroschke" Berlins fuhr erst 1899, zu der sich 1900 zwei weitere Fahrzeuge hinzugesellten. Die Allgemeine Berliner Omnibus AG motorisierte 1903 eine erste Strecke.

Die bereits erwähnte Berliner Stadtbahn mit einer Länge von gut 12 Kilometern war 1875–82 durchgehend viergleisig für den Personenverkehr gebaut worden. Die Ringbahn, mit einer Länge von 39 Kilometern, war 1851 bis 77 als Staatsbahn errichtet worden und diente der Personen- wie Güterbeförderung.

Die immer besser ausgebauten Verkehrsmöglichkeiten dienten nicht zuletzt dazu, die Berliner zu den Vergnügungsorten der näheren Umgebung zu befördern. Schließlich lebt der Mensch nicht nur von Arbeet und Brot alleene. Innerhalb der Stadt selbst war das Angebot an unterschiedlichsten Freizeitgestaltungsmöglich-

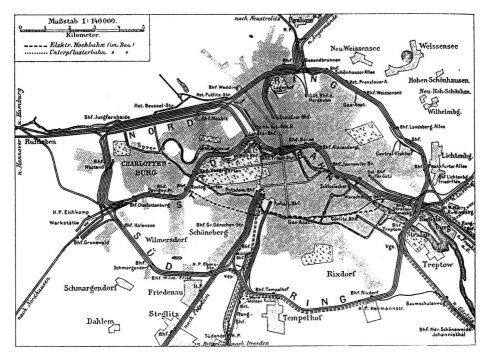

Karte der Berliner Stadt- und Ringbahn einschließlich der im Bau befindlichen elektrischen Hochbahn sowie der Unterpflasterbahn.

keiten zwar schon gewaltig, aber eine Fahrt ins Grüne, zum Wassersport am Wannsee oder Müggelsee, zum Rummelsburger oder zum Langen See, zum Pferderennen nach Carlshorst oder in den Hoppegarten, zum Trabrennen nach Weißensee und Westend, zu Radrennen am Kurfürs-

Halle des Bahnhofs Friedrichstraße (Abb.: Brockhaus 1898)

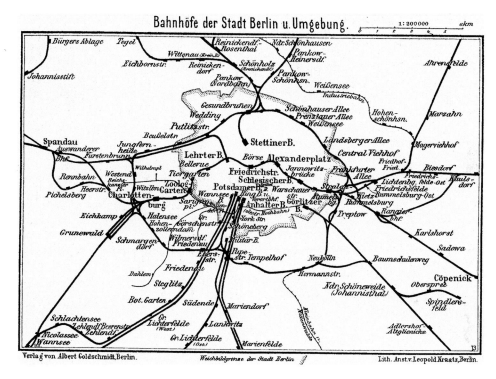

Bahnhöfe der Stadt Berlin u. Umgebung.

1:200000

Als Vergleich zur vorhergehenden Karte dient diese Darstellung von 1913, die die Bahnhöfe Berlins und der Umgebung zeigt. (Verlag A. Goldschmidt, Lith. Anstalt L. Kraatz, beide Berlin 1913)

tendamm war deshalb nicht zu verachten. Das galt nicht weniger für die militärischen Spektakel der Frühjahrs- und Herbstparaden auf dem Tempelhofer Feld oder für die königlichen Parforcejagden im Grunewald. Die weitere Umgebung Berlins zog vor allem durch ihre Naturschönheiten an. Erwähnt sei an dieser Stelle nur die Hasenheide, auf der 1872 das Bronzestandbild des Turnvaters Jahn errichtet wurde, der hier 1811 den ersten Turnplatz eröffnet hatte.

Die vielen Zahlen und Statistiken, deren Auswahl wenigstens in Umrissen ein Bild von Berlin um 1900 erstehen lassen sollte, wären gewiss unvollständig ohne einen Blick auf die Einkommensverhältnisse jener Zeit. Sechzig Multimillionäre und 159 Großbürger sowie 9 380 vermögende Bürgerfamilien standen an der Spitze. Das waren zweieinhalb Prozent der zur Einkommensteuer 1900 Veranlagten, gemessen an der Gesamtbevölkerung nicht einmal ein halbes Prozent. Es folgte die Mittelschicht wohlhabender Bürger und Kleinbürger, zu der etwa 38 000 Menschen zählten. Etwa 124 000 Einwohner, umgerechnet zwölf Prozent, kamen auf monatlich 100 bis 225 Mark. Das Verdienst von rund 182 000 Arbeitern belief sich auf monatlich 75 bis 99 Mark, von weiteren 200 000 auf lediglich 55 bis 75 Mark. Und annähernd 220 000 Menschen mussten noch unter dieser Grenze leben.

In den öffentlichen wie privaten Prunkbauten dokumentierte sich der Reichtum der Residenz. Man wollte aller Welt zeigen, wer man war und was man hatte. (Dieses Übel ist bis heute nicht ausgerottet.) Die zum Teil horrenden Summen wurden zu einem beträchtlichen Teil aus „freiwilligen Spenden" bestritten, die beispielsweise das Großbürgertum zeichnete, um Titel, Orden, Adelsprädikate und andere Auszeichnungen zu kaufen, die wiederum Ansehen, Einfluss, Macht oder auch nur wirtschaftliche oder gesellschaftliche Vorteile erbringen sollten.

Zur Berliner Verfassung schließlich ist festzuhalten, dass die Stadt 1883 aus der Provinz Brandenburg ausschied und einen eigenen Stadtkreis Berlin bildete (Gesetz vom 30. Juli 1883). Die Stadt wurde verwaltet vom Polizeipräsidium als königlicher und vom Magistrat als städtischer Behörde. An deren Spitze standen der Oberbürgermeister und ein Bürgermeister. Der Magistrat umfasste 34 Mitglieder, darunter 18 besoldete Stadträte. Es gab 126 Stadtverordnete und 326 Stadtbezirke. Aus vier Wahlbezirken wurden neun Abgeordnete ins preußische Abgeordnetenhaus und aus sechs Wahlkreisen sechs Abgeordnete in den Reichstag entsandt. Die Stadt war aufgeteilt in 18 Standesamtsbezirke, 4 Fachhauptmannschaften und Kommissariate, 12 Polizeibezirkshauptmannschaften und 99 Polizeiviere mit 4 600 Polizisten bzw. Schutzleuten.

„Gruss von der Frühjahrs-Parade" 1904. Die militärischen Spektakel gerade der Kaiserzeit zogen stets unzählige Menschen an, schließlich sorgten noch keine Massenmedien rund um die Uhr für mehr oder weniger zweifelhafte Unterhaltung. Die Besucherin der Frühjahrs-Parade 1904 und Absenderin der vorliegenden Postkarte zeigt sich ebenfalls begeistert, denn die Tante Maria schreibt: „Lieber Wilhelm! Heute will ich meinem Versprechen nachkommen u. Dir eine Karte schicken, und zwar von der großen Frühjahrsparade, die unser Kaiser Wilhelm auf dem Tempelhoferfeld abgehalten hat. Das hättest Du sehen müssen, das wäre was für Dich gewesen, die tausende Soldaten, alle in Gala-Uniform u. mit Mußiek [Musik] begleitet. Erst waren wir auf dem Kreuzberg, wo man das ganze Paradefeld übersehen konnte, dann sind wir in die Belle-Alliance-Straße, wo sie alle vorbeimarschieren, und konnte man von da jeden einzeln bewundern, besonders S. Majestät habe ich sehr gut gesehen."

Berlin in alten Stadtansichten und Plänen

Die folgenden Darstellungen vermitteln einen Eindruck von der Entwicklung Berlins von den Anfängen bis ins 19. Jahrhundert und dokumentieren damit anschaulich die Geschichte der Stadt. Die Ansichten und Pläne sind durchaus als eigenständige Geschichtsquellen zu werten, die zum Entdecken und Vergleichen auffordern und die zugleich den stetigen Wandel zeigen, dem alles menschliche Schaffen unterworfen bleibt.

Die ersten Darstellungen sind mehr oder weniger gesicherte Rekonstruktionsversuche, auf Grund von Ausgrabungen, Überlieferungen und späteren Plänen die frühe Entwicklung der Städte Berlin und Kölln zu veranschaulichen. In den großen spätmittelalterlichen und frühneuzeitlichen Topographien von Hartmann Schedel (1493), Sebastian Münster (1544) oder Georg Braun/Franz Hogenberg (1572–1618) findet sich keine Abbildung der Doppelstadt, und zwar wegen ihrer allenfalls regionalen Bedeutung. Seit dem 17. Jahrhundert, seit der Zeit des Großen Kurfürsten, mehren sich die Darstellungen. Als erste zuverlässige Wiedergabe ist der Memhard-Plan zu nennen, der 1648 von Johan Gregor Memhard gezeichnet und 1652 in die Meriansche „Topographia Electoratus Brandenburgici et Ducatus Pomeraniae" aufgenommen wurde, in der auch der nahezu gleichzeitige Stich Caspar Merians zu finden ist. – Aus der Folgezeit sind bis zu modernen Stadtplänen zahlreiche Darstellungen Berlins in Auftrag gegeben worden, die die steigende Bedeutung der Stadt bis in die Gegenwart eindrucksvoll dokumentieren.

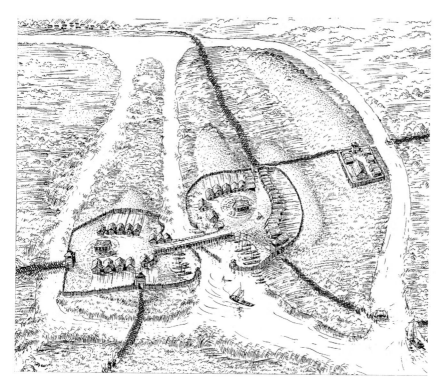

Berlin um 1190. – So könnte die Stadt am Ende des 12. Jahrhunderts ausgesehen haben, jedenfalls nach dem Zeugnis der Archäologen. Auf der linken Seite der Spree, die sich an dieser Stelle in mehrere Arme teilt, liegt Kölln, auf der rechten entsprechend Berlin, beide Orte jeweils mit einem Hafen ausgestattet. Am rechten Spreearm befindet sich eine markgräfliche Hofanlage. In der 2. Hälfte des 13. Jahrhunderts dürften die Fachwerkbauten bereits durch Steinbauten und die Holzpalisaden durch eine feste Mauer ersetzt worden sein. Der günstig gelegene Spreeübergang, vor allem von Kaufleuten genutzt, die aus Magdeburg, Leipzig, Krakau oder Stettin kamen, begünstigte schon früh eine offensichtlich zukunftsträchtige Ansiedlung und bewirkte den entscheidenden wirtschaftlichen Aufschwung. (aus: H. D. Jaene, Berlin lebt. Bilder einer Stadt von 1150 bis heute. Berlin o. J., S. 27. Wegenetz zusätzlich markiert.)

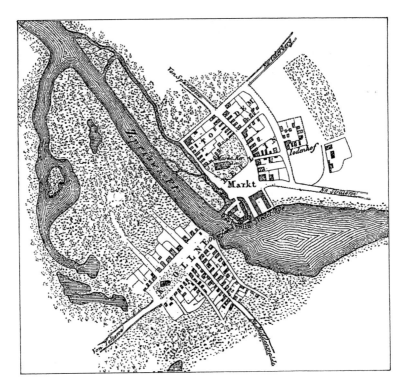

Kölln und Berlin zu Beginn des 13. Jahrhunderts. Dieser Rekonstruktionsversuch von K. F. Klöden ist mit der vorherigen Darstellung grundsätzlich vergleichbar, zeigt aber zusätzlich das Spreebecken. Kölln erscheint nicht mehr als Insel. Das Wegenetz ist unverändert. Der „Zpriawa Fl[uss]" ist natürlich die Spree. Die Siedlungen haben sich weiterentwickelt, und die beiden Siedlungskerne sind erkennbar. Sie liegen in Berlin um die Nikolaikirche, in Kölln um die Petrikirche. Die beiden Orte sind durch den Mühlendamm verbunden, der in der Karte noch als Oberfahrt erscheint. (Aus: Kiaulehn, Berlin. München 1958)

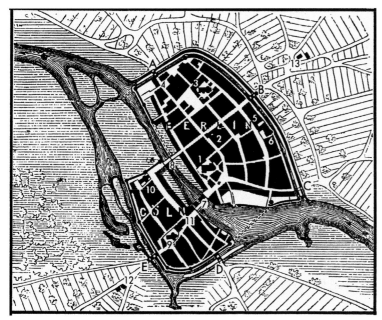

01	Nikolai-Kirche
02	Reithaus
03	Marien-Kirche
04	Heiliggeist-Hospital
05	Klosterkirche
06	Hohes Haus
07	Mühlendamm
08	Lange Brücke
09	Petri-Kirche
10	Dominikaner-Kloster
11	Köllnisches Rathaus
12	Gertraudenkirche
13	Georgen-Kirche
A	Spandauer Tor
B	Georgen-Tor
C	Stralauer Tor
D	Köpenicker Tor
E	Gertrauden-Tor

BERLIN und KÖLLN zu Beginn des 15. Jahrhunderts. Diese Ansicht, gezeichnet auf der Grundlage des späteren Memhard-Plans, zeigt eine befestigte Stadt, die von der Spree durchflossen wird. Sie liefert das Wasser für den östlichen Befestigungsgraben. Der westliche Seitenarm des Flusses ist südlich bis zur Spree verlängert worden. Seit dem 13. Jahrhundert war ein bedeutender Ausbau der Stadt erfolgt. Das Ergebnis lässt sich an diesem Plan ablesen, der die wichtigen Gebäude und die Straßennamen enthält. Dank besonderer Privilegien wie Gerichtsbarkeit, Münzrecht oder Handelsrechte hatte die Doppelstadt eine außergewöhnliche Selbständigkeit erreicht, die allerdings im 15. Jahrhundert von den Landesherren entscheidend beschnitten wurde.

Als 1320 die brandenburgischen Markgrafen aus der Familie der Askanier ausstarben, erwarben Berlin und Kölln wichtige Privilegien, so das Münz- und Zollrecht sowie die Gerichtsbarkeit. Das Stapelrecht war ihnen schon vorher zugebilligt worden, durchreisende Kaufleute mussten also ihre Waren auslegen und anbieten. Nachdem beide Städte 1359 auch noch in die Hanse aufgenommen worden waren, setzte eine Zeit wirtschaftlichen Aufschwungs ein. Als jedoch 1411 die Burggrafen von Nürnberg aus dem Hause Hohenzollern die Mark Brandenburg zu Lehen erhielten, setzten sie zwischen 1442 und 1448 der Berliner Selbständigkeit ein Ende, womit die weitere Entwicklung der Stadt für rund zwei Jahrhunderte bis nach dem 30-jährigen Krieg stagnierte. Der neuerliche Aufstieg der Stadt setzte mit der Herrschaft des Großen Kurfürsten ein.*

Legende zur Abbildung rechts:

A	Churfürstl. Schloß	T	Cöllnisch Rahthauß
B	Lustgarten	V	Langen Brücken
C	Wassergarten	W	Wasser Kunst
D	Küchengarten	X	Churfürstl. Statua im gart.
E	Die Grotta	Y	Hundsbrucken
F	Die Thumb Kirche [Domkirche]	Z	Anfang zur Newen Vorstatt
G	St. Nicolaus Kirche	1	Reitthauß
H	St. Peters Kirche	2	Schneidt Mühle
I	St. Marien Kirche	3	Walckmühl
K	Kloster Kirche	4	Holtzgarten
L	H. Geist Kirche	5	Schleuße
M	St. Gertraudn Kirche	6	Gieshauß
N	Spandauisch Thor	7	Bomerantznhauß
O	St. Georgen Thor	8	Gärtnershauß
P	Stralisch Thor	9	Ballhauß
Q	Kepniksch Thor	10	Jägerhoff
R	Gertruden Thor	11	Spital
S	Berlinisch Rahthauß	12	Mühlen Damm

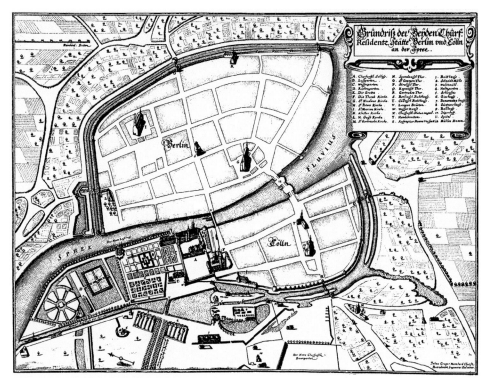

„Grundriß der Beyden Churf. Residentz Stätte Berlin und Cölln an der Spree", 1652 von Johan Gregor Memhard, dem kurfürstlich-brandenburgischen Hofbaumeister und Festungsbauingenieur. – Auf dem Plan sind Berlin und Kölln nach den Wirren des 30-jährigen Kriegs und vor dem Ausbau zur Festung zu sehen. Ins Auge fällt der weitläufige Schlossbereich mit dem 1540 vollendeten Renaissancebau und den großzügigen Gartenanlagen. Memhard hat unter anderem das Schloss um einen Festsaal erweitert, den Alabastersaal, und zwar in Zusammenarbeit mit den Baumeistern Michael Matthias Smids und Arnold Nering. Memhard gestaltete auch den im Krieg verwüsteten Lustgarten neu und schuf das „Newe Lusthauß" an der Spree, später Heimstatt der ersten Börse. Vor allem aber sollte er Berlin zu einer Festung ausbauen. Am unteren Rand des Plans ist links der Anfang der späteren Straße Unter den Linden zu sehen.

Westliche Ansicht der „Chur. Fürstl. Res. St. Berlin: v. Cöln:" von Caspar Merian, 1652. – Als bereits deutlich ausgeprägte Allee führen die Linden auf die Residenzstädte zu. Kurfürstin Louise Henriette, die Gemahlin des Großen Kurfürsten, hatte 1647 außerhalb der Stadtbefestigung den ersten Baum der sechsreihigen Anlage gepflanzt. Im Ausschnitt fehlen rechts das Reithaus und auf der linken Seite die Marienkirche, die Hl. Geistkirche und Teile der Stadtbefestigung.

Die zugehörige Beschreibung des Merian-Stichs aus der Topographie Brandenburgs hat folgenden Wortlaut: „Es meinen etliche, dass diese kurfürstlich brandenburgische Residenzstadt Albertus, zugenannt der Bär, Graf zu Anhalt, erbaut habe. Werdenhagen schreibt, dass dieser Albertus von Anhalt, Markgraf von Brandenburg, diese alte Stadt erweitert und mit Mauern umgeben habe, und sie habe dann, wie man sagt, nach ihm den Namen bekommen. Er habe damals auch andere Städte und Schlösser gebaut, die seinen Namen führen, wie Bernau, Bärwalde, Bernstein usw. Er hat zu den Zeiten Kaiser Conradi III. gelebt. Nachdem diese Stadt wegen ihrer guten Lage und der Bürger Fleiß und Arbeit in kurzem ziemlich zugenommen hatte, so hat sie im Jahre 1380 eine große Feuersnot gehabt, dass fast alle Häuser daselbst verbrannt sind. Ihr hat aber Kurfürst Sigismund von Brandenburg, hernach römischer Kaiser, der dieses Land von seinem Bruder Wenzel bekommen hatte, gewaltig wieder aufgeholfen und sie mit mehreren Freiheiten versehen. Anno 1440 sind die Bürger, des guten Glücks halber, das sie mit Kaufmannschaft gehabt haben, frech geworden und haben sich, mit gro-

ßem Schaden für die Stadt, am Rat vergriffen und damit verursacht, dass Markgraf Friedrich ihren Freiheiten ein Gebiß eingelegt und ein Schloß dahin gebaut hat. Und im folgenden haben die Kurfürsten von Brandenburg ihr Hoflager hier angestellt. Es liegt Berlin am Fluß Spree. Die Häuser sind da, wie zu Spandau, mit Bänken vor den Türen gebaut, mit Giebeln voneheraus, und die Gassen daran sind breit und sauber. Das Haus, darinnen die alten Kurfürsten hofgehalten haben, ist in der Klosterstraße. Es ist diese Stadt sonderlich groß und ist von schlechten Gebäuden. Sie hat drei Tore, alte Mauern, aber gedoppelte Gräben, und es wird in vier Kirchen gepredigt. – Über dem Wasser, Berlin gegenüber, liegt die Stadt Cölln, zugenannt an der Spree, das der Stadt Berlin colonia und von ihr erbaut ist. Man kann in beide Städte über zwei Brücken kommen. Es sind in dieser neuen Stadt zwei Kirchen, nämlich der Dom, zur Heiligen Dreifaltigkeit genannt (aus welchem Anno 1615 alle Altäre, Taufsteine und Bilder geräumt worden sind), und die zu St. Peter. Von den weltlichen Gebäuden ist insonderheit das kurfürstliche Schloß und die Residenz zu Cölln an dem Wasser, ziem-

lich regelmäßig und weitläufig, mit zwei Höfen erbaut, zu sehen. In dem neuen Bau ist die Stallung, in welcher vor diesem Krieg viele schöne Pferde waren, in den Rüstkammern viel Küraß für Roß und Mann, auch zum Scharfrennen, viel Inventionen und Schlitten waren, mit welchen man bis vor die logements hinauf fahren konnte. In der Schloßkirche waren viele Gemälde von Lukas Cranach und anderen Malern zu sehen, die zuvor in der Domkirche gewesen sind, die neben anderen Sachen, besonders dem Schatz, einem goldenen Altar, zwölf Aposteln in Lebensgröße aus getriebenem Silber, Bischofshüten, Stolen, Stäben etc., alles mit Perlen besetzt, ohne Zweifel beizeiten von dort in die beiden Festungen Küstrin und Spandau geborgen worden sind. – Man solle nirgend so viele Gemälde von Lukas Cranach beisammen gefunden haben wie hier, die eines großen Schatzes wert sind. Auf dem Turm an der Schloßkirche hängt eine große Glocke, von der einige sagen, sie sei so groß wie die Erfurter und etwas höher, aber man muss sie treten. In der Kirche ist des Kurfürsten Johann und seines Sohnes Joachimi I. Monument von Messing. Im inneren Schloßhof ist eine schöne, große und

50

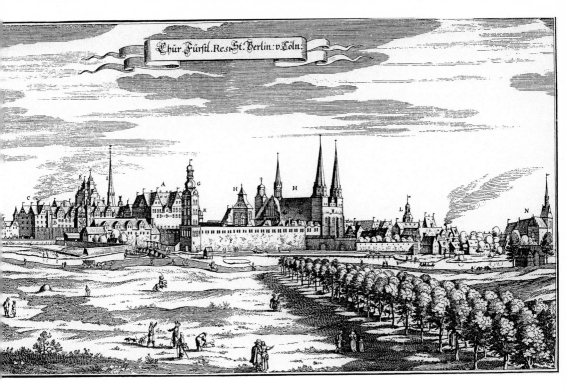

Chur.Fürstl.Res:St.Berlin:v.Cöln:

A	Vorderschloss	F	Galler	L	Köllner Rathaus
B	Schloss, Rückseite	G	Wasserkunst	N	St. Peter
C	Kurfürstenzimmer	H	Dom	S	Brücke
D	Wendelstein	I	St. Nikolaus	T	Alte Münze
E	Schlosskirche	K	Rathaus		

kunstvoll durchbrochene und ausgehau-
ene Wendeltreppe von Quadersteinen,
oben mit einem Altan, unten mit einem
Stübchen, und man kann durch verbor-
gene Gänge und Türen aus- und einrei-
ten. Unter dem großen Saal sind zwei

große Hofstuben, auf der anderen Seite
ist die Silberkammer. Dann die Kapelle.
Neben der Küche der große Wendel-
stein, auf dem man bis in das oberste
Stockwerk reiten kann. Durch die große
Schnecke oder den Wendelstein kommt

man in den großen Saal, der so lang und
breit ist wie das Schloß auf dieser Seite,
auf die Art des Saales in Padua und im
Lusthaus zu Stuttgart gebaut, nämlich
am Dachstuhl hangend."

51

Unter Verwendung des Merian-Stichs schuf P. Schut um 1660 diese Radierung. Er belebte die Ansicht zusätzlich durch eine bäuerliche Szene im Vordergrund.

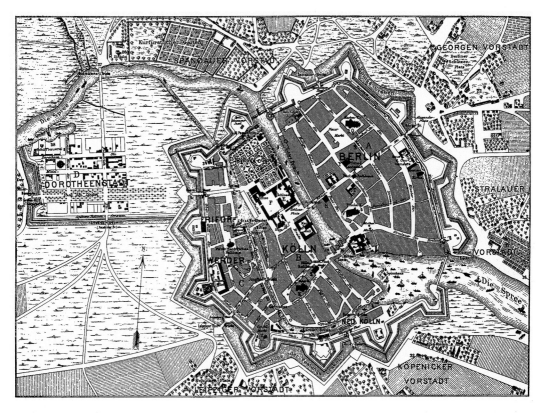

Berlin 1685. Die Darstellung mit den späteren Straßennamen wurde nach dem Plan von La Vigne gezeichnet. Sie zeigt aus der Vogelperspektive die Festungsanlagen, die unter dem Großen Kurfürsten errichtet wurden und die alten Stadt-mauern ersetzten. Johan Gregor Memhard hatte die nach den neuesten Erkenntnissen des Befestigungswesens und der damaligen Waffentechnik entstandene Anlage geschaffen, die die Städte Berlin, Kölln, Friedrichswerder sowie das kleine Neu Kölln umschloss. Die sternförmige Festung verfügte über dreizehn Bastionen und sechs Tore und war zusätzlich durch Wassergräben und Wälle geschützt. Die rings um die Stadt liegenden Vorstädte zeigen bereits die künftige, die engen Festungsgrenzen sprengende Entwicklung auf (aus: Berlin. Neun Kapitel seiner Geschichte. Berlin 1960, T. 9).

Berlin im Jahr 1688. In enger Anlehnung an einen per-
spektivischen Plan von Johann Bernhard Schultz ist die
vorliegende Abbildung entstanden, die wegen ihrer aus-
führlichen Legende hier groß abgebildet ist.

Erklärung der im Plane befindlichen Zahlen.

1 *Churfürstl. Residenz*
  Schloß.
2 *Churfürstl. Lustgarten.*
3 *Bibliothek.*
4 *Neues Orangerie*
  Haus.
5 *Churfürstl. Münze.*
6 *Ballhaus.*
7 *Churfürstl. Stall.*
8 *Der Churfürstin Stall.*
9 *Der Jägerhof.*
10 *Das Posthaus.*
11 *Die Niederlage.*
12 *Mühle beim Schloss.*
13 *Die Domkirche."*
14 *St. Marienkirche.*
15 *St. Nicolaikirche.*
16 *St. Petrikirche.*
17 *Klosterkirche.*
18 *Friedr. Werdersche-*
   kirche u. Rathhaus.

19 *H. Geistkirche.*
20 *St. Gertraudenkirche.*
21 *Neue Kirche auf der*
   Dorotheenstadt.
22 *Das Joachimsthalsche*
   Gymnasium.
23 *Berlinisches Rathhaus.*
24 *Köllnisches Rathhaus.*
25 *Die Stechbahn.*
26 *Der neue Markt.*
27 *Der Molkenmarkt.*
28 *Der Mühlendamm.*
29 *Die lange Brücke.*
30 *Die Hunde-Brücke.*
31 *Leipziger Thor.*
32 *Cöpnicker Thor.*
33 *Stralauer Thor.*
34 *St. Georgen Thor.*
35 *Spandauer Thor.*
36 *Das Neue Thor.*
37 *Artillerie Häuser.*

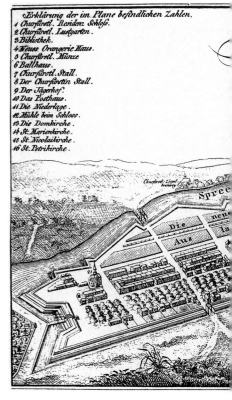

Berlin, Kölln und Friedrichswerder sind von starken, von Johan Gregor Memhard geschaffenen Festungs-anlagen umgeben, die den Plan bestimmen. Das Tor im Vordergrund ist das Leipziger Tor. Im Stadtbild selbst treten vor allem das Schloss, dahinter die Marienkirche und rechts davon die Nikolaikirche hervor. Die Dorotheenstadt, hier als Neue Auslage bezeichnet, liegt außerhalb der Festungswerke.

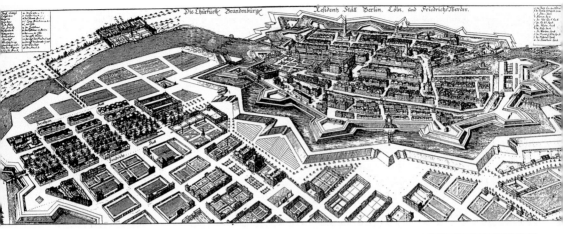

„Die Churfürstl. Brandenburg. Residentz Stätt Berlin, Cöln und Friedrichs Werder", Merian-Stich des 17. Jahrhunderts. Der perspektivische Plan Berlins zeigt die großen Festungsanlagen, zusätzlich in der Abbildung links die Dorotheenstadt und darunter die Friedrichstadt.

Johann Bernhard Schultz, Gesamtansicht Berlins, Kupferstich von 1688. Auch dieser Plan zeigt, dass Darstellungen im Stil Memhards und Merians vorbildlich geblieben sind. Vielfach wurden Pläne von anderen Zeichnern übernommen oder einfach kopiert. Die Abbildung zeigt die Stadt jenseits der Spree noch ohne die beherrschenden Festungswerke. Im Vordergrund erscheinen neben dem Bären als Wappentier u. a. militärische und handwerklich-künstlerische Symbole. Auf der Spree sind Handelsschiffe und Flöße zu erkennen, die hölzernen Brücken ließen sich für den Verkehr aufziehen.

57

G. B. Propst, „Berolinum. Berlin" Ende des 17. Jahrhunderts. Der Stich (nach Saur) zeigt das befestigte Berlin. Im Vordergrund steht die Friedrichstadt mit der Leipziger Straße. Bereits aus vorherigen Abbildungen wurde ersichtlich, dass aus der ehemaligen Provinzstadt ein besonderes Machtzentrum geworden ist. Zahl und Größe der Vorstädte nehmen zu, zu denen seit 1688 auch die Friedrichstadt zählt (1662 bereits Friedrichswerder, 1674 die Dorotheenstadt). Aus der näheren und weiteren Umgebung, aber auch aus anderen Teilen Deutschlands strömten die Menschen nach Berlin. Nicht zu vergessen sind tausende von Glaubensflüchtlingen aus Frankreich, die nach der Aufhebung des Edikts von Nantes (1685) ihr Land verlassen mussten. Zeitweise betrug der Anteil der Hugenotten an der Berliner Bevölkerung rund 25 Prozent.

„Der Königl. Residentz-Stadt BERLIN Nördliche Seite 1717", Kupferstich von Georg Paul Busch (Druck von 1893). Als Vorlage diente ein Bild von Anna Maria Werner. – Die Übereinstimmung mit anderen Ansichten ist nicht zu übersehen. Von links nach rechts sind zu erkennen: St. Georg, Spandauer Kirche, Hl.-Geist-Kirche, St. Marien, Klosterkirche, Rathaus, Reformierte Kirche, St. Nikolai, Dom, St. Peter und die Neustadtkirche.

Johann Friedrich Walter/Georg Paul Busch, „Plan und Prospect der Königl. Preußischen und Chur Brandenburg. Haupt- und Residenzstadt Berlin", Kupferstich von 1738. – Man sieht, in welchem Umfang Berlin bereits über die Festungsmauern hinausgewachsen ist. Das gilt vor allem für die Friedrichstadt auf der rechten, also der westlichen Seite. Unter Friedrich Wilhelm I., dem Soldatenkönig, wurden drei große Plätze angelegt, die in Anlehnung an ihre Form Quarré = Quadrat, Oktogon = Achteck und Rondell = Rundplatz hießen. Nach den Befreiungskriegen gegen Napoleon erhielten sie richtige Namen: Pariser Platz in Erinnerung an den siegreichen Einzug in Paris, Leipziger Platz im Gedenken an die Völkerschlacht bei Leipzig sowie Belle-.Alliance-Platz zur Verherrlichung des endgültigen Sieges Blüchers und Wellingtons über Napoleon bei Waterloo. Den Zugang zu diesen Plätzen bzw. deren Abschluss bildeten das Brandenburger Tor, das Potsdamer Tor und das Hallesche Tor. – Die Randbilder des Stichs zeigen bedeutende Gebäude Berlins, und zwar im Uhrzeigersinn von oben links nach rechts: 1. Kronprinzenpalais, 2. Schloss, 3. Königliches Arsenal (Zeughaus), 4. Königl. Kollegienhaus, 5. Reformierte Parochialkirche, 6. Marienkirche, 7. Kirche St. Peter, 8. Jerusalemer Kirche, 9. Georgenkirche, 10. Königl. Gouverneurhaus, 11. Dreifaltigkeitskirche, 12. Prospekt der Stadt Berlin, 13. Böhmische Kirche, 14. Königl. Fürstenhaus, 15. Kirche in der Spandauer Vorstadt (Sophienkirche), 16. Friedrichshospital, 17. Königl. Garnisonskirche, 18. Nikolaikirche, 19. Königl. Domkirche. Die Stadtansicht folgt dem Bild der Anna Maria Werner von 1717.

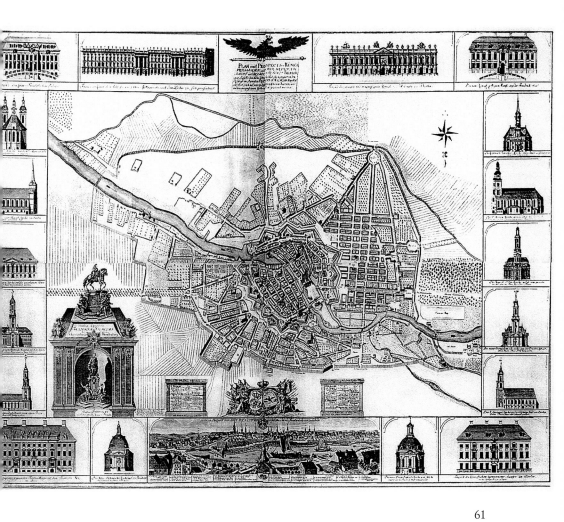

Ausschnitt aus dem Berlin-Plan des Grafen Samuel von Schmettau, 1748. – Der vollständige Plan befindet sich auf vier großen Kupferplatten, er enthält sämtliche Vororte und ebenfalls zahlreiche Darstellungen wichtiger Gebäude aus der Zeit Friedrichs des Großen. Der Vergleich mit dem Memhard-Plan zeigt den außerordentlichen Aufschwung der Stadt innerhalb eines Jahrhunderts. Der Stadtkern mit seinen Befestigungsanlagen ist deutlich von den Vorstädten abgehoben. Dies gilt entsprechend auch für die Dorotheenstadt und die Friedrichstadt im Südwesten (auf dem nicht genordeten Plan also rechts), die durch ihre rechtwinklige Straßenführung auffallen. Zwischen beiden Vorstädten verläuft die Prachtstraße Unter den Linden. In diesen Vorstädten, zu denen noch Friedrichswerder hinzuzurechnen ist, lebten dank der großzügigen Förderung durch die Landesherren vor allem Hofbeamte und Flüchtlinge. Die Ausdehnung Berlins nach Osten vollzog sich weniger planvoll, hier waren vor allem Gewerbe und Landwirtschaft bestimmend. Regelrechte Koloniegründungen in der Umgebung sorgten für die erforderlichen Arbeitskräfte im aufstrebenden Textilgewerbe. In Neu-Schöneberg und in Rixdorf beispielsweise arbeiteten böhmische Glaubensflüchtlinge als Spinner und Weber. – Die Festungswerke wurden ab 1736 abgetragen, zunächst auf der Köllner, anschließend auch auf der Berliner Seite, weshalb die Bastionen auch nur noch auf dieser Seite hervortreten. König Friedrich Wilhelm ließ gleichzeitig Berlin mit seinen Vororten von einer Zollmauer umgeben, die die Flucht von Soldaten und die unversteuerte Einfuhr von Waren verhindern sollte. – Unter Friedrich dem Großen, der von 1740–1786 regierte, entwickelte sich Berlin zu einer Residenz von europäischem Rang, zu einem Mittelpunkt von Wirtschaft und Kultur. Die Stadt erhielt ein repräsentatives Aussehen durch die Anlage von Straßen und Plätzen, durch die Errichtung ansehnlicher Bauwerke, steinerner Brücken oder Toranlagen. Bauhandwerker aus dem Vogtland wurden im Norden Berlins angesiedelt (Neu-Vogtland). Der König unterstützte u. a. nachdrücklich die Einrichtung von Woll-, Seiden- oder Porzellanmanufakturen und förderte das Gold- und Silberhandwerk. Als herausragendes städtebauliches Ensemble entstand der Gendarmenmarkt, weiterhin wurden das Opernhaus, die Hedwigskathedrale, Bibliothek und Dom erbaut. Knobelsdorff zeichnete verantwortlich für die Umgestaltung des Tiergartens vor dem Brandenburger Tor in einen öffentlichen Barockpark. Kurz gesagt: Berlin wandelte sich zu einer modernen Haupt- und Residenzstadt.

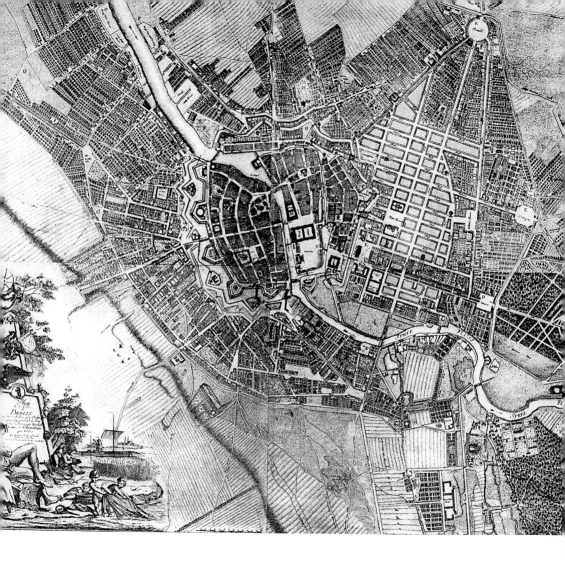

63

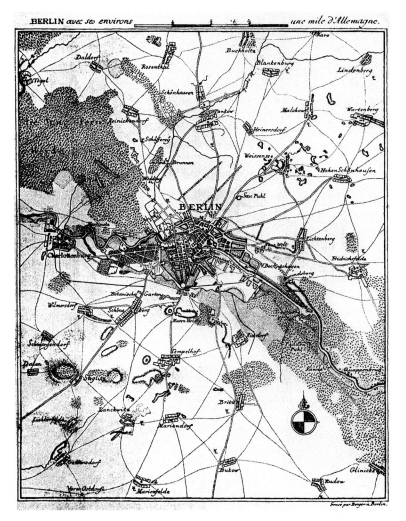

Smové par Berger a Berlin.

„Berlin avec ses environs. Gravé par Berger à Berlin" – Berlin und Umgebung. Gezeichnet von Berger zu Berlin, Kupferstich von 1770. – Der Plan lässt die Stadtentwicklung, vor allem aber die geographische Lage Berlins erkennen. Die Spree verläuft durch das Berlin-Warschauer Urstromtal. Beiderseits des Flusses sieht man in ihrer damaligen Ausdehnung die Stadt Charlottenburg und zahlreiche Dörfer, die im Lauf der folgenden Jahrhunderte mit Berlin zusammenwachsen sollten.

„GRUNDRISS von B e r l i n – von neuem aufgenommen und mit Genehmigung der Königl. Akademie der Wissenschaften herausgegeben von J. C. Selter im Jahr 1804". – Die (genordete) Darstellung zeigt besonders deutlich das Wachstum der Stadt. Der Altstadtkern unterscheidet sich von seiner Umgebung, da der Verlauf der inzwischen abgetragenen Festungswerke weiterhin er-

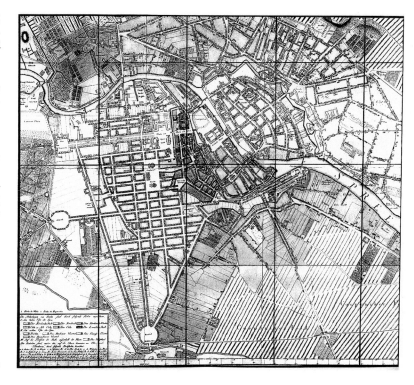

kennbar ist. Ebenso sieht man den großzügigen Ausbau im Westen und Südwesten (Dorotheenstadt, Friedrichstadt) samt den großen Platzanlagen, dem „Viereck" am Ende der Linden, dem „Achteck" am Ende der Leipziger Straße und dem „Rondeel" am Ende der Friedrichstraße. Hinzuweisen ist außerdem auf den Verlauf der wiederholt erwähnten Zollmauer mit ihren zahlreichen Tordurchlässen. Sie umschloss auch große Freiflächen, so das Köpenicker Feld im Süden. Bis Mitte des 19. Jahrhunderts begrenzte diese Zollmauer auch den engeren Siedlungsraum Berlins.

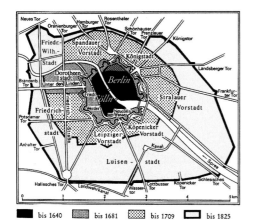

Stadtentwicklung Berlins bis 1825. Die Zeichnung liefert einen zusammenhängenden Überblick über die Stadtentwicklung Berlins. Bis 1640 beschränkte sich ihr Gebiet auf Berlin und Kölln. Bis 1681 kamen Friedrichwerder und Neukölln hinzu. Diese vier Bereiche wurden von großen Festungsanlagen eingeschlossen. Es folgten bis 1709 verschiedene Vorstädte, die ihrerseits bis 1825 weitere Ausdehnung erfuhren. Die äußere Linie mit den zahlreichen Toren entspricht der Zollmauer.

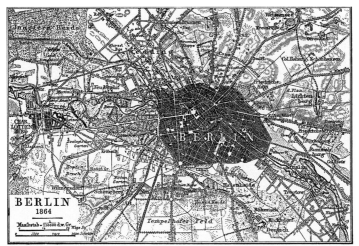

Berlin 1864 – Auf dieser Karte ist das Berlin innerhalb der Zollmauer hervorgehoben. In diesem Bereich ist auch das mittelalterliche Zentrum noch auszumachen. Außerdem wird die zentrale Bedeutung Berlins ersichtlich, da alle Verkehrsverbindungen sternförmig auf die Stadt zulaufen.

Das Berliner Weichbild um 1870. – Die Übersicht zeigt, in welchem Umfang die Stadt über die frühere Stadtmauer, richtiger: die ehemalige Zollmauer, hinausgewachsen ist. Die Zahlen bedeuten:

1. *Alt-Berlin*
2. *Alt-Kölln*
3. *Friedrichswerder*
4. *Dorotheenstadt*
5. *Friedrichstadt*
6. *Äußere Friedrichstadt*
7. *Schöneberg, Tempelhof*
8. *Louisenstadt*
9. *Neu-Kölln*
10. *Stralauer Revier (Stralauer Vorstadt)*
11. *Innere und äußere Königstadt (Georgen, Landsberg, Prenzlau)*
12. *Spandauer Revier (Sophienstadt)*
13. *Äußeres Spandauer Revier (Oranienburg, Rosenthal, Schönhausen)*
14. *Friedrich-Wilhelm-Stadt*
15. *Alt- und Neu-Moabit*
16. *Wedding (Kolonien Wedding und Louisenbad)*

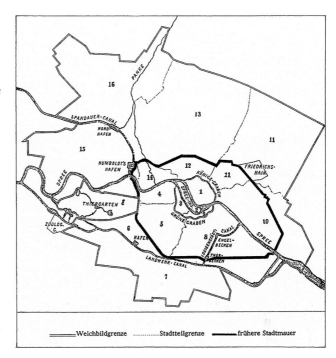

(aus: Kiaulehn, Berlin. München 1958. Frühere Stadtmauer bzw. Zollmauer zusätzlich geschwärzt.)

Ausschnitt aus einem Berliner Stadtplan von 1875.

Der Ausschnitt zeigt den alten Stadtkern, in dem immer noch die einstigen Befestigungsanlagen erkennbar bleiben. Außerdem enthält der Plan neben den alten Straßennamen eine Fülle von Informationen zu bedeutenden Bauwerken und Einrichtungen.

Die dichte Bebauung zeugt von dem außerordentlichen Wachstum der Bevölkerung. 1877 wurde die Millionengrenze überschritten. Eingemeindungen vergrößerten mehr und mehr das Stadtgebiet. Die Pläne des Ingenieurs James Hobrecht, die er zwischen 1858 und 1862 fertigte, bestimmten weitgehend die folgende Bautätigkeit mit der Anlage von Ringstraßen und Sternplätzen, mit der Festschreibung von Straßenbreiten oder Wohnblocks sowie dem Bau von Wasserleitungen und Kanalisation. Um die Mitte des 19. Jahrhunderts siedelten sich neben den herkömmlichen Gewerben ganz neue Industriebereiche an, der Fahrzeug- und Maschinenbau mit August Borsig (1804–54) sowie die Elektroindustrie mit Werner von Siemens (1816–92). Gleichsam den Startschuss zu dieser Entwicklung hatte der Eisenbahnbau gegeben, der das neue Zeitalter 1838 auf der Strecke Berlin – Potsdam einläutete bzw. eindampfte. Die Fernstrecken erhielten große Kopfbahnhöfe, die Ringbahn sorgte für den Nahverkehr, Droschken, Pferde-Bahnen, elektrische Straßenbahnen, später U-Bahnen und Busse bewältigten den innerstädtischen Verkehr.

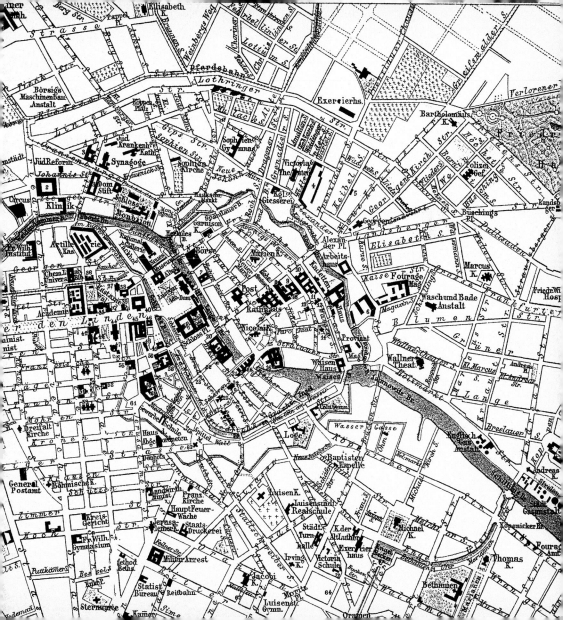

Bilder erzählen

Diese Überschrift ist ganz bewusst gewählt worden, denn Bilder erzählen in der Tat. Sie sind wichtige und buchstäblich anschauliche Quellen zur Geschichte einer Stadt. Mit ihrer Hilfe kann man „sich ein Bild machen" von einer längst vergangenen Epoche. Die Ansichten von Bauwerken und Denkmälern künden vom Geist ihrer Zeit, vom Leben und Wirken der Menschen in dieser Zeit. Wichtige Aussagen lassen sich treffen bezüglich des Umgangs mit den Zeugnissen der Vergangenheit, mit ihrer be-wussten Erhaltung, ihrer sinnlosen Zerstörung im Krieg, ihrer politisch bedingten Vernichtung (zu denken ist an die Sprengung des Berliner Schlosses 1950 durch die damaligen Machtha-ber) oder auch ihrer kurzsichtigen Opferung für einen angeblichen Fortschritt. Mit jedem Zeug-nis der Vergangenheit, das verloren geht, schwindet Erinnerung, fällt ein Stück Ge-schichte dem Vergessen anheim, werden le-bensnotwendige Wurzeln durchtrennt. Und in welchem Umfang überlassen wir unwieder-

Unter den Linden mit Blick zum Brandenburger Tor um 1900

„Panorama von der Siegessäule" um 1890. Damals stand die Siegessäule noch am Königsplatz, und der Blick ging ungehindert zum Brandenburger Tor und wanderte weiter über das Häusermeer der Stadt mit ihren Türmen und Kuppeln.

bringliche historische Substanz noch immer der Spitzhacke bzw. dem Abbruchbagger! Andererseits machen wir uns fast verzweifelt auf die Suche nach unseren Wurzeln, zahllose Städte und Gemeinden haben die Geschichte ihrer Orte erforschen und veröffentlichen lassen, und ebenso zahllose Menschen beschäftigen sich mit ihrer Familiengeschichte. Gerade im Zeitalter der Globalisierung sucht der Mensch nach einem bergenden Zuhause, das er Heimat nennt, mit welchem Begriff er die ihm vertraute, engere Umgebung meint im Gegensatz zur fremden, unüberschaubaren globalen Welt.

Blick über den Dom auf das mittelalterliche Stadtzentrum um 1930 mit der Börse (links vorne), der Marienkirche (links hinten), dem Roten Rathaus (Mitte), dem Stadthaus und der Nikolaikirche (rechts hinten) sowie dem Stadtschloss (rechts).

72

Alexanderplatz

Der Alexanderplatz, der 1805 seinen Namen nach Zar Alexander I. erhielt, lag vor den Mauern des alten Berlin und diente als Markt- und Exerzierplatz. Der „Alex", wie die Berliner kurz diesen Platz nennen, war gleichsam das Tor zu den östlichen Stadtteilen und entwickelte sich zu einem der bedeutendsten Verkehrsknotenpunkte. Er erhielt einen eigenen Stadt- und später Fernbahnhof und wurde Kreuzungspunkt mehrerer U-Bahnlinien. Um 1900 wurden an der Unterführung Königstraße (später Rathausstraße) innerhalb eines Tages 13 000 Fahrzeuge und 139 000 Fußgänger gezählt. An der nördlichen Seite des Platzes standen das Warenhaus Tietz, auf der südlichen Seite gegenüber das 1885–90 erbaute Polizeipräsidium, das zu den größten

An der Nordwestseite des Alexanderplatzes stand das Warenhaus Tietz, 1904–05 von Cremer & Wolffenstein erbaut und 1910 beträchtlich erweitert. Auf dem Dach steht der berühmte „Tietz-Globus". Bekannt und beliebt waren die werbeträchtigen Aktionen des Kaufhauses, mit denen die Kundschaft angelockt werden sollte, beispielsweise mit einer „Weißen Woche", während der das Kaufhaus in einen weißen Traum verwandelt wurde, Schaufenster und Lichthöfe wurden phantasievoll mit weißen Waren ausgestattet. Oder indische Tempel, römische Triumphbögen, Wasserfälle, ankernde Schiffe wurden nachempfunden. Begleitet wurden solche Aktionen jeweils von aufwendigen Lichtreklamen. Die Bedeutung gezielter Werbekampagnen zur Hebung des Geschäftserfolgs wurde also schon zu dieser Zeit erkannt.

links: Ansicht des Alexanderplatzes mit Blick in die Königstraße (später Rathausstraße) um 1910. Der Rathausturm ist auch nicht zu übersehen. Davor liegen die Hochgleise des Bahnhofs Alexanderplatz. Am rechten Bildrand steht die „Berolina". Den regen Verkehr auf dem Platz bestreiten neben den zahlreichen Fußgängern Pferdedroschken, Pferdefuhrwerke, Pferdebahnen und elektrische Straßenbahnen. Das Eckhaus links wurde 1823–24 errichtet und beherbergte das alte Königstädtische Theater. Wie zu lesen, zogen später Aschingers Konditorei und Café ein.

Kolossalstatue der Berolina auf dem Alexanderplatz um 1910. Die kupfergetrieben Statue, eine Allegorie auf die Stadt Berlin, wurde 1895 aufgestellt. Sie wurde von Emil Hundrieser (1846–1911) geschaffen, war 7,5 Meter hoch und stand auf einem 6,5 Meter hohen Sockel. 1944 wurde sie eingeschmolzen.

Berliner Bauten überhaupt zählte und nach den Kriegszerstörungen 1945 abgetragen wurde.

Marienkirche

Der Bau der Marienkirche ist im Zusammenhang mit der Ausdehnung Berlins nach Norden zu sehen, die wohl nach den Stadtrechtsverleihungen an Berlin und Kölln zur Gründung der Neustadt um den Neuen Markt führte. Die zweitälteste Berliner Pfarrkirche wurde Mitte des 13. Jahrhunderts zuerst aus Granitquadern aufgeführt, ehe Ende des 14. Jahrhunderts nach dem großen Brand von 1380 die dreischiffige Backsteinhalle gebaut wurde. Der Turmhelm in einer besonderen Vermischung von gotischen und klassizistischen Formen entstand 1789–90 nach den Plänen von Karl Gotthard Langhans (1733–1808). Vor der Westseite erinnert seit 1726 ein steinernes Sühnekreuz an die Ermordung des Propstes Nikolaus von Bernau im Jahr 1325, das die Berliner und Köllner Bürger auf dem Neuen Markt hatten errichten müssen. Zu den besonderen Sehenswürdigkeiten zählen u. a. als Wandgemälde ein 2 Meter hoher und 22 Meter langer Totentanz von 1485, der in 28 Szenen Angehörige der verschiedensten Stände in (unerwünschter) Gesellschaft mit dem Tod zeigt, und die barocke Kanzel aus dem Jahr 1703 von Andreas Schlüter (1664–1714).

Ansicht der Marienkir-che von Westen um 1900. Die Halle in den Formen der Backstein-gotik mit dem eingezo-genen gotisch- klassizis-tischen Turm be-herrscht den Neuen Markt. Auf der rech-ten Seite unten steht das große Luther-Denkmal von 1895, das entworfen wurde von Paul Otto (1846–93) und vollendet von Robert Toberentz (1849–95). Die acht Sockelfiguren zeigen sitzend Jonas und Cru-ciger, Reuchlin und Spalatin, stehend Me-lanchthon und Bugen-hagen sowie Hutten und Sickingen auf den Treppenwangen. Die Hauptfigur des Denk-mals gelangte nach dem Zweiten Welt-krieg in die Turmhalle der Marienkirche. Die acht Sockelfiguren sind verschwunden.

Rotes Rathaus

An der Stelle des mittelalterlichen Rathauses erhebt sich der große Baukomplex des Roten Rathauses, so genannt wegen der roten Backstein- und Terrakottatechnik, entstanden zwischen 1861 und 1869. Der Bau mit einer Länge von 99 Metern, einer Tiefe von 88 Metern und einer Höhe von 27 Metern umschließt drei Höfe und wird beherrscht von einem 74 Meter hohen Turm, mit Flaggenmast soll die Höhe sogar 97 Meter betragen haben. Die Pläne lieferte Hermann Friedrich Waesemann (1813–1879), der in eigenwilliger Weise Formen der italienischen Renaissance mit märkischen Elementen verschmolz. In ungünstiger Höhe längs der Balkone des ersten Obergeschosses umschließen mehr als 200 Meter lang 36 Terrakotta-Relieftafeln das ganze Gebäude, die zur steinernen Chronik von Berlin geworden sind, da sie wichtige Ereignisse der Stadtgeschichte festhalten. Der Fries wurde entworfen von Ludwig Brodwolf, Alexander Calandrelli, Otto Geyer und Rudolf Schweinitz. In den Nischen des Hauptportals wurden Bronzestandbilder Kaiser Wilhelms I. sowie des Kurfürsten Friedrich I. (gest. 1440) aufgestellt. Geschaffen wurden sie von Karl Keil (1838–1889) und Erdmann Encke (1843–1896). Von der inneren Ausstattung waren hervorzuheben das repräsentative Treppenhaus mit großen Wandge-

mälden, der Märchensaal mit seinem wertvollen Festtafelschmuck, der Magistratssaal mit den Porträts preußischer Herrscher und der drei Stockwerke umfassende Festsaal mit großen Gemälden von Anton von Werner (1843–1915) mit dem Titel „Der europäische Friedenskongreß zu Berlin 1878" und von Oskar Begas (1828–1883), bezeichnet „Die Monate."

Stadthaus

Das ehemalige Stadthaus wurde bereits mit der Fertigstellung des Roten Rathauses als zweites Rathaus bzw. als zweites großes Verwaltungsgebäude geplant und 1902–1911 von Ludwig Hoffmann aus Muschelkalkstein als viergeschossiger Vierflügelbau mit vier Innenhöfen und einem imposanten, 77 Meter hohen Kuppelturm in der Formensprache des römischen Barock errichtet. Georg Wrba schuf das große Wappen an der Ecke Jüden- und Stralauerstraße, die Skulpturen an der Jüdenstraße lieferte Josef Rauch, die an der Klosterstraße Ignatius Taschner. Besonders aufwendig gestaltet wurden die Vestibüle an der Jüden- und der Klosterstraße sowie die Stadthalle. Die Figuren auf der Balustrade des Turmsockels und auf dem unteren Säulenkranz, Allegorien bürgerlicher Tugenden, wurden von Josef Rauch und Wilhelm Widemann gestaltet. Das mächtige Bau-

Das Rote Rathaus im Flaggenschmuck, bezeichnet „O. H." Im Straßenbild erscheinen Fußgänger, ein Reiter, Pferdedroschken und Pferdefuhrwerke sowie elektrische Straßenbahnen. Nicht übersehen sollte man die Litfaßsäulen. (Poststempel 20.9.1898)

werk besitzt eine Grundfläche von 11 588 Quadratmetern, die an vier Straßen gelegenen Fronten sind 443 Meter lang. Da 1938 ein Neues Stadthaus errichtet wurde, nannte man den früheren Bau auch Altes Stadthaus.

Das Stadthaus an der Jüdenstraße 34–42 um 1915. Das Bauwerk erscheint mit reicher Pilastergliederung über einem hohen Rustikasockel und vermittelt eine strenge Gesamtwirkung. Der fünfachsige Risalit mit Dreiecksgiebel beherrscht die Hauptfassade, darüber erhebt sich auf quadratischem Fuß der beherrschende Turm, gegliedert durch zwei Säulengeschosse und abgeschlossen durch eine Kuppel. Das hohe Mansarddach wurde 1961 abgeflacht, so dass die Proportionen des Baukörpers nicht mehr den Originalzustand zeigen.

*Molkenmarkt, Spandauer Straße und Rotes Rathaus um 1900. Der zentral gelegene Molkenmarkt war der äl-
teste Marktplatz Berlins und zugleich einer der ältesten Plätze der Stadt, dessen Existenz bis in die Anfänge
der Siedlungsentwicklung zurückreicht. In unmittelbarer Nähe steht die Nikolaikirche, die älteste Berliner
Kirche. Mit dem Wiederaufbau des Nikolaiviertels nach dem Krieg ist ein Stück Berlin neu erstanden.*

Mühlendamm und Mühlenbau um 1900. Der Mühlendamm markiert den alten Übergang über die Spree, der zur Gründung der Städte Cölln und Berlin führte. Er war die Verbindung der ältesten Märkte der Stadt. Der Name stammt von den Wassermühlen, die einst hier arbeiteten.

Mühlendamm mit Blick zum Stadthaus um 1920. Der Spreeübergang gilt als Anlass zur Gründung der Siedlungen Berlin/ Cölln. Das Bild zeigt den Zustand der durch Hermann Blankenstein 1888–92 errichteten ersten Mühlendammschleuse, die ab 1936 ebenso wie z. B. das Ephraim-Palais einem Brücken- und Schleusenneubau weichen musste.

*Franziskanerkirche, Kupfer-
stich Ende 19. Jahrhundert.
Das Franziskanerkloster
wurde 1249 unmittelbar an
der Stadtmauer gegründet.
Die frühgotische Klosterkirche (um 1250–65; Chor um
1300) ist seit 1945 nur als
Ruine (als Mahnmal gegen
den Krieg) erhalten.*

*Nikolaikirche, Holzschnitt Ende 19. Jahrhundert.
Die Nikolaikirche ist die bedeutendste und älteste Kirche Berlins. Allerdings stammen von der ersten Kirche, die um 1230 begonnen wurde, nur noch die aus Granitquadern gemauerten vier Turmuntergeschosse. Die heutige dreischiffige Backsteinhalle mit ihrem zur Bauzeit hochmodernen Hallenumgangschor (vor 1379 – um 1400) war bis um 1460 vollendet. Größere Veränderungen erfuhr die Kirche erst wieder 1876–78 unter Leitung von Hermann Blankenstein, der unter anderem den Turmaufsatz mit seinen zwei Spitzhelmen errichten ließ. Der Wiederaufbau der 1944/45 stark beschädigten Kirche erfolgte erst 1981–87, als das Nikolaiviertel wiedererrichtet wurde.*

Spittelmarkt um 1900. Der am östlichen Ende der Leipziger Straße gelegene Platz zählt zu den ältesten Anlagen dieser Art in Berlin. Seine unregelmäßige Gestalt zeugt von seiner einstigen Aufgabe als Bastion in der Stadtbefestigung. Seinen Namen verdankte er dem Getraudenhospital (Spittel = Spital), in dem vor allem alleinstehende arme Frauen Zuflucht fanden.

Blick auf die Spree vom Mühlendamm um 1900. Die Spree trennte einst nicht nur Cölln und Berlin, sondern war zugleich auch die wichtigste Handelsverbindung vor dem Bau moderner Verkehrswege. Die Aufnahme mit den zahlreichen Schleppern dokumentiert die Bedeutung des Wasserweges bis weit ins 20. Jahrhundert hinein.

Hinter der Börse in der neuen Friedrichstraße stand die 1722 unter Friedrich Wilhelm I. nach Plänen von Philipp Gerlach erbaute Garnisonskirche. In ihren Gewölben fanden mehrere Generäle des Siebenjährigen Krieges ihre letzte Ruhestätte. Die Kirche brannte am 13. April 1908 aus, wurde wieder aufgebaut und konnte schon am 29. August 1909 erneut eingeweiht werden.

Falkonier-Gasse am Werderschen Markt um 1910.
Die Aufnahme vermittelt einen anschaulichen Eindruck einer der typischen engen und stimmungs-
vollen Gassen des alten Berlins.

Auch der 1743 errichtete, rebenumrankte, roman-
tisch anmutende Innenhof des Hauses Petristra-
ße 15 in unmittelbarer Nähe der Petrikirche wirkt
sehr stimmungsvoll und gibt einen Einblick in das
von häuslichen Arbeiten bestimmte Leben um
1900.

Börse

Gegründet wurde die Börse bereits 1685 zur Zeit des Großen Kurfürsten. Die Börse der Berliner Handelskammer an der Ecke Burgstraße /Neue Friedrichstraße, d. h. gegenüber dem Berliner Dom auf der anderen Spreeseite, wurde 1859–64 von Friedrich Hitzig (1811–81) erbaut und war das erste neuere Bauwerk der Stadt, das in Werkstein aufgeführt wurde. Über der säulengeschmückten Fassade stand eine Sandsteingruppe von Reinhold Begas (1831–1911), mit einer Borussia als Hauptfigur, die die Allegorien des Ackerbaus und des Handels beschützte. Zwischen 1884 und 1885 wurde der Bau nach Süden erweitert. Im mehr als 100 Meter langen Hauptsaal kamen zur Börsenzeit zwischen 12 und 14 Uhr rund 5 000 Kaufleute zusammen. Wer auf der Galerie dem hektischen Börsengeschäft folgen wollte, der konnte zeitweise für 30 Pfennige eine Eintrittskarte erwerben. Nach schweren Schäden im Zweiten Weltkrieg wurde der Bau abgerissen.

Das Berliner Zentrum um den Berliner Dom mit dem Roten Rathaus, der Börse am Spreeufer, dem Dom und dem Schloss im Hintergrund rechts. Auf der Nordseite des Doms die 1975–76 abgebrochene Denkmalkirche.

links: Die Aufnahme um 1910 zeigt die Prachtfassade der Börse an der Burgstraße, beherrscht vom säulengeschmückten Mittelteil, das begrenzt wird durch eigenständig hervortretende Eckfassaden. Nach Süden ist auf der rechten Seite die achtachsige Erweiterung zu sehen. Daneben steht das Gebäude der Mittel-Deutschen Credit-Bank. Am linken Bildrand kommt mit Pfeilern und Skulpturen die Friedrichbrücke ins Bild. Das Straßenbild wird trotz der Schienen und Oberleitungen bestimmt von Fahrzeugen, die nur mit einer Pferdestärke angetrieben werden.

Den Blick vom Rathausturm um 1905 beherrschen die mächtigen Baukörper des Schlosses und des Doms. Von links nach rechts sind zu finden: der Gendarmenmarkt, das Schloss, die Hedwigskathedrale, Unter den Linden, das Zeughaus und der Dom.

Schlossplatz nach Osten um 1900. Links sieht man die Schlossfassade, dann geht der Blick zum Turm des Roten Rathauses. Auf der rechten Seite begrenzt der Marstall von 1670 in der Breiten Straße den Platz, in dessen Mitte der Neptunbrunnen stand. Die Hauptfassade des ehemaligen Königlichen Marstalls wurde 1897–1902 von Ernst von Ihne (1848–1917) errichtet, mit einer Frontlänge von 93 Metern. Den plastischen Schmuck schuf Otto Lessing (1846–1912); hervorzuheben sind die beiden Wandbrunnen der Hauptfront, links „Der gefesselte Prometheus" und rechts „Perseus' Kampf mit dem Drachen". Nach Kriegsschäden erfolgte ein reduzierter Wiederaufbau.

Das aus südwestlicher Richtung
aufgenommene Foto wird be-
herrscht von den monumentalen
Bauten des Schlosses und des Doms.
In der unteren Bildhälfte sind von
rechts nach links zu sehen: der
Schlosslatz, das Kaiser-Wilhelm-
Denkmal, die Schlossbrücke, der
Lustgarten und das alte Museum.

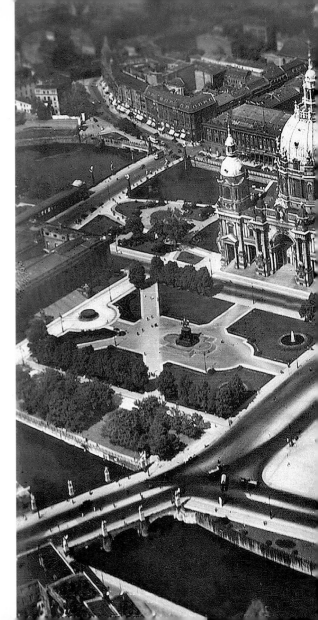

Schloss

Was die Bomben des Zweiten Weltkriegs nicht geschafft hatten, das erledigte ungeachtet aller Proteste das damalige kommunistisch-sozialistische Regime unter Walter Ulbricht 1950/51 mit mehreren Sprengungen: die vollständige Vernichtung des Berliner Stadtschlosses, das im Krieg schwere Schäden erlitten hatte, das man aber wie andere Baudenkmäler ohne weiteres hätte wiederaufbauen können. Glücklicherweise hat sich dieses „sozialistische" Regime längst als fataler Irrtum der Geschichte erwiesen, und es bleibt nur zu hoffen, dass Berlin eines Tages seine städtebauliche Mitte wiedererhält.

Das monumentale Schloss war bis 1918 Residenz der hohenzollernschen Kurfürsten, Könige und Kaiser. Es ist hervorgegangen aus einer Burg, mit deren Bau Kurfürst Friedrich II. 1443 auf der köllnischen Seite an der Spree begonnen hatte. Von der alten Burg blieb nur ein Rundturm erhalten, nachdem Joachim II. ab 1538 den mittelalterlichen Wehrbau von Caspar Theyß in eine repräsentative Renaissance-Residenz hatte umwandeln lassen. Seine endgültige Gestalt erhielt der ständig erweiterte Komplex erst ab 1698 unter Friedrich I., der den genialen Baumeister und Bildhauer Andreas Schlüter (1664–1714) verpflichtet hatte, der zwischen 1698 und 1716 die einzelnen Bauteile zusammenfasste und ihnen im Stil des italienischen Barock eine weitgehende Einheitlichkeit gab. – Zum Schlossplatz hin erhielt die lange Front zwei dreiachsige Risalite mit Portalen; an der unregelmäßigen östlichen Seite, der Spreeseite, blieben ältere Bauteile erhalten; die längste Front zum Lustgarten hin besaß ebenfalls zwei Portale; die westliche Seite schließlich erhielt durch Johann Friedrich Eosander gen. von Göthe (1669–1729), der die Schlütersche Anlage verdoppelte, zwischen 1708 und 1715 ein mächtiges, dreiteiliges Portal, das vergrößernd die Formen des Severus-Bogens in Rom nachbildete. Friedrich August Stüler (1800–1865) und Albert Dietrich Schadow erbauten über diesem Portal 1845–1853 die oktogonale Schlosskapelle mit der großen, über siebzig Meter hohen Kuppel. Der viergeschossige Komplex mit einer Höhe von dreißig Metern, dessen Bauteile sich um zwei große Innenhöfe gruppierten, bildete ein Rechteck von 192 zu 116 Metern und war das Zentrum Berlins.

Nach der Abdankung Wilhelms II. und damit nach der Herrschaft der Hohenzollern in Berlin wurden große Teile des Schlosses 1921 als Museum der Öffentlichkeit übergeben. Unter möglichster Wahrung des historischen Erscheinungsbildes wurden zahlreiche Sammlungsräume eingerichtet sowie Paradezimmer,

*Luftaufnahme des Schlosses um 1920 nach Westen. Am oberen Bildrand erscheint als Abschluss des Eo-
sander-Hofs der Kuppelbau der Schlosskapelle, rechts davon lag der Weiße Saal. An der Nordfront folgten
die Bildergalerie, der Kapitelsaal, der Rittersaal sowie der vorspringende Apothekenflügel. Auf der Ostseite lagen die Porzellangalerie, links davon der Grüne Hut. Die Mitte des Ostflügels enthielt den Schweizer
Saal und die Schlütertreppe. Auf der Südseite zum Schlossplatz hin sind noch der Elisabeth- oder Marmorsaal mit zugehöriger Treppe zu erwähnen, über die man in den Schlüter-Hof gelangte.*

Säle und historische Wohnräume zugänglich gemacht, die ganz hervorragende barocke Dekorationen und Einrichtungen aufzuweisen hatten. Für die seit dem 18. Jahrhundert erfolgte spätbarocke und klassizistische Ausstattung hatten berühmte Künstler verantwortlich gezeichnet, u. a. Georg Wenzeslaus von Knobelsdorff, Johann August Nahl, Karl von Gontard, Friedrich Wilhelm von Erdmannsdorff, Carl Gotthard Langhans, Karl Friedrich Schinkel.

Das Schloss war das bedeutendste Zeugnis norddeutscher Barockbaukunst. Es verkörperte kulturhistorisch das Selbstverständnis und die Selbstdarstellung der preußischen Monarchie.

Kurfürstenbrücke, Süd- und Ostseite des Schlosses, Dom um 1905. Auf der Spree sind mehrere Lastkähne zu sehen. Der Große Kurfürst blickt auf Spaziergänger und Pferdedroschken bzw. Pferdeomnibusse hinab. Die Kurfürstenbrücke war 1692–94 als massive Brücke gebaut und später erneuert worden. Sie ersetzte die „Lange Brücke", die einst Alt-Berlin und Alt-Kölln über die Spree hinweg miteinander verband.

Kaiser-Wilhelm-Brücke, Ost- und Nordflügel des Schlosses mit dem vorspringenden Apothekenbau um 1905. Die Brücke wurde 1886–89 erbaut. Der mächtige Schlossbau wird von der Kuppel des Westflügels überragt.

Südfront des Schlosses mit dem Denkmal des Großen Kurfürsten um 1905. Zwei große Portalbauten gliedern den langgestreckten, viergeschossigen Flügel.

Schlossbrücke, Nordflügel und Westseite des Schlosses um 1910. Die Aufnahme ist offensichtlich gegen Mittag an einem besonders warmen Tag gemacht worden, was einmal die Schatten erkennen lassen und zum anderen die Geste des Mannes in der Mitte, der den Schweiß von der Stirne wischt. Die Damen links davon scheinen eher vom Fotografen als vom Wetter beeindruckt zu sein.

Westfront des Schlosses und Kaiser-Wilhelm-Denkmal oder Nationaldenkmal um 1905. Deutlich treten das triumphbogenartige Hauptportal und der achtseitige Kuppelbau hervor. Die Aufnahme zeigt außerdem sehr deutlich, dass wegen der Enge des Platzes das Kaiserdenkmal in den Kupfergraben hineingebaut werden musste.

Nordfront des Schlosses mit Lustgarten um 1905. Zwei große Portalbauten gliedern auch diese Seite des Schlosses, von der sich deutlich der westliche Flügel mit seinem Kuppelbau abhebt. Den Lustgarten hatte 1645 der Große Kurfürst als Schlosspark mit Küchengarten und botanischem Garten anlegen lassen. Unter Friedrich Wilhelm I. wurde daraus ein Exerzierplatz. Die Neugestaltung als geometrisch geplante Anlage erfolgte 1832 durch Peter Joseph Lenné (1789–1866), und zwar im Zusammenhang mit der Errichtung des Alten Museums, das 1830 eröffnet wurde. Der Lustgarten wurde 1935 teilweise planiert und gepflastert und nach dem Zweiten Weltkrieg Teil des Marx-Engels-Platzes. Seit 1990 spricht man wieder vom Schlossplatz. – In der Mitte der Abbildung steht das rund sechs Meter hohe bronzene Reiterstandbild König Friedrich Wilhelms III., geschaffen von Albert Wolff (1814–1892) und enthüllt am 16. Juni 1871 beim Einzug der preußisch-deutschen Truppen nach dem Sieg über Frankreich. Klio, die die Widmung „dem Gerechten" schreibt und weitere allegorische Figuren umgeben den hohen Granitsockel. Der Begriff Granit liefert den Hinweis auf die im Vordergrund stehende gewaltige Granitschale mit einem Durchmesser von sieben Metern und dem stolzen Gewicht von 1 500 Zentnern. Sie wurde aus einem der beiden Markgrafensteine (große Findlinge) geschaffen, die bei Fürstenwalde lagen. Gottlieb Christian Cantian hat bewusst ein örtliches Material verarbeitet. Herstellung wie Transport der gewaltigen Rundschale stellten eine außergewöhnliche technische Leistung dar. Die zunächst provisorische Aufstellung im Lustgarten vor der Freitreppe des Alten Museums erfolgte 1832, zwei Jahre später feierte man aufwendig die Einweihung der geradezu als Weltwunder bestaunten Schale, denn mit den Worten Schinkels gab es „nirgends in der Welt eine ähnliche Schale von dieser Kolossalität."

Schloss, südliche Seite des inneren oder Schlüterhofs mit Aufgang zum Elisabeth- oder Marmorsaal um 1910 . Im zweiten Obergeschoss ganz rechts wurde am 14. Januar 1712 der spätere Friedrich II. der Große geboren.

Schloss, Gobelin-Galerie um 1910. Johann Friedrich Eosander hat zu Beginn des 18. Jahrhunderts diese ehemalige Bildergalerie mit einer Länge von 60 Metern errichtet. Infolge der Nachbarschaft zum Weißen Saal spielte die Galerie bei allen großen Ereignissen eine hervorragende Rolle. Die Ende des 17. Jahrhunderts von R. Mercier gefertigten sechs Wandteppiche verherrlichten Taten des Großen Kurfürsten: die Schlacht bei Fehrbellin (1675), die Einnahme von Wolgast (1675) sowie Stettin, Rügen und Stralsund (1678) und schließlich eine Schlittenfahrt über das Kurische Haff (1679). Von der Gobelin-Galerie aus hatte man einen besonders schönen Blick über die Linden und den Lustgarten.

Schloss, Weißer Saal um 1890. Der im zweiten Obergeschoss gelegene Saal zählte zu den einstigen Festräumen des Schlosses, war Schauplatz rauschender Hoffeste und der feierlichen Eröffnungen von Reichstag und Landtag. Seine letzte Umgestaltung erfuhr er 1894–95 durch Ernst von Ihne.

Schloss, Kapitelsaal um 1910. Die ehemalige Kapelle, in der 1829 der spätere Kaiser Wilhelm I. getraut wurde, erhielt ihren Namen nach dem Schwarzen Adler-Orden. Hier befand sich auch ein Bild Anton von Werners (1843–1915), das die erste Ordensverleihung durch Friedrich I. am 18.1.1701 darstellte.

Schloss, Rote Samtkammer um 1910. Die einstige königliche Schlafkammer zählte zu den qualitätsvollsten Barockräumen des Schlosses. Beachtenswert waren die roten Samttapeten aus der Zeit König Friedrichs I. und die kostbaren, vergoldeten Möbel.

Schloss, Rittersaal oder Thronsaal nach Westen um 1890. Seitlich des Thronbaldachins sind als Supraporten die Darstellungen der Erdteile Europa (rechts) und Afrika zu sehen.

Schloss, Rittersaal oder Thronsaal nach Osten um 1910. Die barocke Kunst Andreas Schlüters erreicht in der Dekoration des Saals ihren Höhepunkt, nicht zuletzt mit den Darstellungen der vier Erdteile über den seitlichen Türen. Auf dieser Seite sind es Amerika und Asien. In den Blick fällt vor allem das prachtvolle Silberbuffet mit restlichen Prunkstücken aus der ehemaligen Silberkammer, deren Bestände in Kriegszeiten weitgehend eingeschmolzen wurden. Das Buffet entstand 1706 nach Entwürfen von Johann Friedrich Eosander. Den Kronleuchter erstand im 19. Jahrhundert Friedrich Wilhelm III. von der Stadt Worms. Rechts über der großen Flügeltür erkennt man noch den vorstehenden Trompeterbalkon, 1738–39 unter Friedrich Wilhelm I. angebracht und bestimmt für die Musikanten bei feierlichen Anlässen. Der Balkon war aus massivem Silber gefertigt, wurde aber schon 1745 unter Friedrich dem Großen eingeschmolzen und durch einen hölzernen ersetzt. Die Abbildung vermittelt einen Eindruck davon, in welch hohem Maß Andreas Schlüter Architektur und Dekoration zu vereinen suchte.

105

*Schloss, Porzellan-Galerie um 1910. Die zur Spree-
seite gelegene Galerie zeigte neben kostbaren Por-
zellanen etliche Bildnisse von Frauen aus der Familie Friedrichs des Großen.*

*Schlosskapelle
um 1910 mit
Blick zum Altar,
über dem eine
Abendmahlssze-
ne zu erkennen
ist. Die mächtige
Kuppel ruht auf
einem achtseiti-
gen Unterbau.*

*Schloss, St. Georg mit dem Drachen. Diese 1855 von August Kiß (1802–
1865) geschaffene Erzgruppe stand im äußeren Schlosshof, dem Eosander-
hof. Kiß schenkte sie 1865 dem König. Sie stellt den Sieg des Guten über
das Böse bzw. des Christlichen über das Heidnische dar, wenn man will
auch des Schönen und Edlen, verkörpert durch das mutige Ross, über das
Niedrige, Häßliche, verkörpert durch den greulichen Drachen. Nach 1945
versetzte man die monumentale Gruppe an den Haupteingang des Volks-
parks Friedrichhain. Heute steht sie im Nicolaiviertel.*

*Schloss, Neptunbrunnen auf dem Schlossplatz um 1905. Den von Tritonen und Putten umgebenen Nep-
tun, der auf einer Muschel über einem Felsen thront, entworfen 1886 von Reinhold Begas (1831–1911),
hatte 1888 die Stadt Berlin als Geschenk für Kaiser Wilhelm II. bestimmt; 1891 erhielt er seinen Platz auf
dem Schlosshof. Im Becken befinden sich vier Wassertiere, auf dem Rand sitzen nicht nur müde Besucher,
sondern vor allem die weiblichen Allegorien der deutschen Hauptströme. Seit 1969 steht der Brunnen
nach gründlicher Restaurierung auf dem Rathausvorplatz.*

Nationaldenkmal Kaiser Wilhelms I.

Das von Reinhold Begas geschaffene Denkmal wurde zum 100. Geburtstag Wilhelms I. am 22. März 1897 feierlich eingeweiht und zeigt auf hohem Sockel das neun Meter hohe, aus 1770 Zentnern Bronze gearbeitete Reiterstandbild

unten und rechts: Nationaldenkmal Kaiser Wilhelms I. um 1900. Die englische Bezeichnung nennt den Kaiser Wilhelm den Großen, welchen ehrenvollen Namen der Enkel, Kaiser Wilhelm II., vergeblich für seinen Großvater durchzusetzen suchte.

des Kaisers (Höhe insgesamt 21 Meter), begleitet von einem weiblichen Friedensgenius, umschlossen von einem hallenartigen Bau. An den Sockelseiten befinden sich Personifikationen des Krieges (rechts) und des Friedens. An den Ecken lagern Löwen auf verschiedenen Trophäen. Auf den Eckpavillons erscheinen bronzene Viergespanne, rechts mit der Borussia und links mit der Bavaria. – Die mehr oder weniger strammen Soldaten sind offensichtlich in die Aufnahme hineinmanipuliert worden, wie der Größenvergleich mit den benachbarten Figuren zeigt. – Wie zahlreiche weitere Denkmäler jener Zeit, diente auch das Nationaldenkmal der Verherrlichung der Hohenzollernherrscher. Diese Intention Wilhelms II. kam am deutlichsten in der Siegesallee zum Ausdruck. Um Platz für das Kaiser-Wilhelm-Denkmal zu schaffen, waren mit Hilfe einer Lotterie die Häuser an der Schlossfreiheit aufgekauft und abgetragen worden, wodurch die monumentale Wirkung des Schlosses beeinträchtigt wurde, die andererseits durch die wesentlich kleineren Häuser gerade hervorgehoben wurde. Alfred Lichtwark schrieb in einem seiner Briefe: „Das Denkmal ist ein typisches Erzeugnis der Fürstenkunst, die alles

schnell fertig haben muss, sogar die Patina, die nur die Zeit geben kann. Das künstliche Grün, das so himmelweit verschieden ist von dem satten, beruhigenden Ton, den die Zeit gibt, lässt das Werk unecht erscheinen. Es sieht aus, als sei es angestrichener Gips. Die Gesamtwirkung ist noch nicht da, weil Planken und Gerüste die Bahnen überall verdecken. Aber es dürfte eintreten, was von vornherein zu befürchten stand, dass die Architektur im Verhältnis zu der absoluten Größe der Figuren viel zu klein geraten ist. Diese zierliche Halle wäre sehr am Platz als Abschluss der Perspektive eines nicht allzu großen Gartens, wenn an der Stelle, wo das kolossale Reiterstandbild steht, ein hübscher kleiner Brunnen, der aber sehr niedrig sein müßte, seine Wasser spielen ließe. Nun steht sie außerdem noch in Konkurrenz mit der Masse des Schlosses. Dann gehen die Maßstäbe trostlos durcheinander. Wenn man sieht, wie so viele bedeutende Künstler für die Einheit der Proportionen gar keine Spur von Gefühl haben, fängt man an zu zweifeln, ob man unbefangen sei. Aber sowie man den Blick auf das Ganze lenkt, empört sich das Gefühl wieder." – Das Denkmal wurde 1949–51 abgerissen.

Denkmal des Großen Kurfürsten

Das 1703 auf der Kurfürstenbrücke, der ehemaligen Langen Brücke, in der Nähe des Schlosses errichtete Denkmal gilt als herausragendes Meisterwerk Andreas Schlüters und zugleich als künstlerisch vollendetste Skulptur Berlins. Es wurde in Erz gegossen von Johann Jacobi. Der Große Kurfürst erscheint als römischer Triumphator, ruhig und beherrscht, sich seiner Macht voll bewusst. Zu Füßen des Sockels erscheinen in heftigen Bewegungen vier Sklavenfiguren, Verkörperungen feindlicher Gewalten, die sich vergeblich gegen ihre Ketten sträuben. Nach Schlüters Entwürfen entstanden sie erst 1709, geschaffen von Gottlieb Herfert, Johann Samuel Nahl, Cornelius Heintzky und Johann Hermann Backer. Der Sockel wurde 1896 erneuert und erhielt zwei Reliefs mit Darstellungen des Kurfürstentums (mit Personifikationen der Spree, der Geschichtsschreibung sowie dem Genius des Friedens mit dem alten Schloss) und des Königtums (mit Verkörperungen des Glaubens, der Stärke und der Tapferkeit mit dem neuen Schloss). Das Denkmal ist in einer Linie mit den

Reiterstandbild des Großen Kurfürsten von Andreas Schlüter (Kupferstich von 1893 nach der Vorlage von H. Horn)

großen Reiterstandbildern seit der Antike zu nennen, zu denen in Rom Marc Aurel, in Padua Gatamelatta von Donatello und in Venedig Colleoni von Verrocchio zählen. In seiner Deutschen Kunstgeschichte würdigte 1888 H. Knackfuß Schlüters Werk: „Dem großen Herrscher hat der große Künstler ein unvergleichliches Denkmal geschaffen; so wie Schlüter ihn aufgefaßt hat, lebt der Große Kurfürst in der Vorstellung der Nachwelt. Wie die Verkörperung selbstbewußter Kraft und fürstlicher Hoheit thront der Held auf dem prächtigen Rosse, dessen Nüstern zu schnauben scheinen, während es so stolz und ruhig ausschreitet unter seiner erhabenen Last. Der Meister hat den Fürsten in römische Imperatorentracht gekleidet, wie dies bei Fürstenbildern jener Zeit nicht ungebräuchlich war; mit der damaligen Modekleidung war bei einem Werk, das eine ideale Bedeutung haben sollte, wirklich nichts zu wollen, und die antike Rüstung, welche sich den Körperformen anschmiegte, war für einen Bildhauer dankbarer als der nunmehr ja auch schon eine ideale Tracht vorstellende ritterliche Vollharnisch, wie ihn zum Beispiel der italienische Meister Grupello bei dem ungefähr gleichzeitigen Reiterstandbild des Kurfürsten Johann Wilhelm zu Düsseldorf anwendete. Die Perücke freilich konnte Schlü-

ter nicht umgehen, aber unter seinen Händen hat selbst dieses Modeungeheuer künstlerische Bedeutung bekommen; wie eine Löwenmähne umwallen die langen Locken die kraftvollen und entschlossenen Züge des mächtigen Herrscherantlitzes. Der Untersatz des Denkmals ist mit sinnbildlichen Reliefdarstellungen geschmückt; an seinen Ecken sitzen vier Besiegte in Fesseln. Diese Gestalten, bei deren Ausführung der Meister die Mitwirkung mehrerer Gehülfen in Anspruch nahm, beklagen ihr Geschick in gewaltsamen, theatralischen Bewegungen, wie sie im allgemeinen für die Bildnerkunst jener Zeit bezeichnend sind; hier hat auch diese Gewaltsamkeit und Unruhe der Stellungen ihren künstlerischen Wert: durch den wirkungsvollen Gegensatz tritt die majestätische Ruhe des Fürstenbildes doppelt großartig hervor. Im Jahre 1700 wurde das letztere durch Jacobi gegossen; 1703 wurde das ganze Werk auf der Langen Brücke aufgestellt. Unzweifelhaft ist Schlüters Denkmal des Großen Kurfürsten das schönste Reiterstandbild, das es diesseits der Alpen gibt." – Im Krieg suchte man das einmalige Kunstwerk zu sichern, doch es versank mit einem überladenen Prahm im Tegeler See. Nach der Bergung erhielt es schließlich seinen Platz im Ehrenhof des Charlottenburger Schlosses.

Schlossbrücke und Dom um 1910. Die mit einem PS betriebenen Beförderungsmittel beherrschen noch den regen Verkehr, doch es wagen sich auch bereits Benzinkutschen in die Öffentlichkeit.

Schlossbrücke

Die dreibogige Schlossbrücke über dem westlichen Spreearm, die die Verbindung zwischen dem Lustgarten und den Linden herstellte, wurde 1822–24 einschließlich der gusseisernen Brüstungen mit Seepferdchen und Tritonen nach den Entwürfen von Karl Friedrich Schinkel (1781–1841) erbaut und 1912 erneuert. Auf acht märkischen Granitsockeln stehen als Erinnerung an die Befreiungskriege acht Marmorgruppen, die Siegesgöttinnen mit Kriegern zeigen, geschaffen zwischen 1847 und 1857 von Schülern Christian Daniel Rauchs (1777–1857),

113

Marmorgruppe von Friedrich Drake auf der Schlossbrücke: die Siegesgöttin Nike krönt den heimkehrenden Krieger. (Nach einer Vorlage von 1888)

darunter Gustav Bläser (1813–1874), Friedrich Drake (1805–1882), Karl Möller (1803–1882), Ludwig Wichmann (1784–1859), Albert Wolff (1814–1892) und August Wredow (1804–1891). Vom Schlossplatz aus stellen die vier Gruppen

rechts folgende Szenen dar: Iris, die einen Gefallenen zum Olymp trägt, von August Wredow, 1841–57; Athene, die einen heranstürmenden Jüngling beschützt, von Gustav Bläser, 1854; Minerva, die neben einem in den Krieg ziehenden Helden steht, von Albert Wolff, 1853; Nike, die einen verwundeten Krieger stützt, von Ludwig Wichmann, wohl 1856. Auf der linken Seite stehen: die einen siegreichen Helden krönende Nike, von Friedrich Drake, 1857; die einen Krieger bewaffnende Athene, von Heinrich Möller, 1846–50; die einen Knaben den Speerwurf lehrende Pallas Athene, von Hermann Schievelbein, 1853; die einen Knaben Heldengeschichte lehrende Nike, von Emil Wolff, 1847. Die Schlossbrücke löste die alte hölzerne Hundebrücke ab, an der die Hunde zur Jagd im Tiergarten zusammengetrieben wurden.

Dom

Am Schlossplatz stand ursprünglich die Kirche des 1297 gegründeten Dominikanerklosters, die mit der Schlosskapelle 1536 zu einem Domstift zusammengelegt wurde. Im Jahr 1747 wurde die erste Domkirche am Schlossplatz abgebrochen. Johann Boumann d. Ä. errichtete nach Plänen Friedrichs des Großen und Georg Wenzeslaus von Knobelsdorffs 1747–50 einen Neubau, den Karl Friedrich Schinkel 1817 im Inne-

Dom – Hauptfassade zum Lustgarten 1916

ren und 1820–22 auch außen umbaute. 1893
wurde auch diese Kirche abgetragen und an ihrer Stelle der neue Dom aufgeführt. Der in Formen des italienischen Barocks aufgeführte Kup-
pel- oder Zentralbau aus Sandstein und Granit
wurde 1894–1905 (Daten der Grundsteinle-

gung und Weihe) nach den Plänen Julius Carl Raschdorffs (1823–1914) erbaut, für die damals enorme Summe von 11,5 Millionen Mark. Die feierliche Einweihung fand am 27. 2. 1905 statt. Der Dom war 114 Meter lang und 73 Meter breit. Die von vier Türmen eingefasste achtseitige Hauptkuppel misst 74 Meter in der Höhe und besitzt einen Durchmesser von 33 Metern. Vergleiche mit dem Petersdom in Rom oder St. Paul in London waren durchaus gewollt. Die Hauptfassade zum Lustgarten hin wird von einer 84 Meter langen, zweigeschossigen Vorhalle gebildet. Über dem Haupteingang wölbt sich ein mächtiger Rundbogen, betont durch die beiden seitlichen Doppelsäulen. Das Mosaik über dem Hauptportal, Christus zwischen den Mühseligen und Beladenen, entwarf Arthur Kampf. Die kupfernen vier Evangelisten davor stammen von Johannes Götz, die Engel auf dem Kämpfergesims von Wilhelm Widemann und die Christusfigur auf dem Dachgesims von Fritz Schaper (1841–1919). Die drei Bronzetüren mit Darstellungen aus dem Leben Jesu schuf Otto Lessing (1846–1912). Über der Außengalerie der Kuppel stehen acht musizierende Engel von Walter Schott. Die auf die Kuppel aufgesetzte Laterne erreicht 90 Meter, bis zur Spitze des Kreuzes kommt man auf 114 Meter.

In den letzten Kriegsjahren wurde der Dom schwer beschädigt. Erst 1975 konnte mit der Restaurierung begonnen werden. Kuppel und Turmabschlüsse erhielten einfachere Formen, die Denkmalkirche wurde 1975–76 sogar abgebrochen. Die äußere Wiederherstellung dauerte bis 1982, die Arbeiten im Innenraum des Doms zogen sich bis 1993 hin.

Das Dominnere ist dreigeteilt. Die Fest- oder Predigtkirche liegt unter der Kuppel, deren Wölbung mit Mosaikbildern der acht Seligpreisungen nach Anton von Werner geschmückt wurde. Die vier Zwickel erhielten Reliefs zur Apostelgeschichte, acht Standbilder von Reformatoren oder fürstlichen Förderern der Reformation blieben Plätze am Fuß der Kuppel vorbehalten. Nach Süden ist die Tauf- oder Trauungskirche und entsprechend nördlich war die (abgetragene) Denkmalkirche zu finden, in der Sarkophage und Denkmäler aufgestellt waren. In der heutigen Gruftkirche befinden sich mehr als 90 Sarkophage der Hohenzollern, von denen allerdings die bedeutendsten 1993 im Zentrum des Doms unter den Emporen ihren Platz erhielten.

Die Kritik hat sehr abweisend auf diesen von Wilhelm II. favorisierten Bau reagiert. Walter Wendland sprach von einem „Höhepunkt des Verfalls", für Paul Ortwin Rave war der Dom ein „Lärmend protziger Schwall" Alfred Lichtwark erblickte nur „bösartige Architektur,... Augenverblendung. Nichts Gewachse-

Dom von Südosten und
Kaiser-Wilhelm-Brücke
um 1905

nes." Ferdinand Avenarius bemerkte zum Dom: „Er prunkt, und das ist alles. Hunderte von Säulen, Pilaster, Gesimse, Bögen, Giebel, Statuen und andere Zierstücke prunken, prunken, prunken und sind ihrem Wesen nach nur ein immer wiederholtes Nichts. Auch die italienische Renaissance, die hier Vorbild war, hat zuzeiten geprunkt. Aber ihr Prunk lebte dann wenigstens. ... Die Architektur des Domes ist bis in alle Einzelheiten hinein Nachlese, Nachahmung, Nach-schrift, es ist eine Architektur des Auswendiglernens, des Umarrangierens und des Hersagens ohne zu stocken." – Die Gemüter haben sich längst beruhigt, der Dom gehört einfach zu Berlin und wird inzwischen als Zeugnis seiner Epoche, ja als das Hauptwerk des Historismus in Deutschland angesehen, nicht zuletzt der Grund dafür, dass dieses im Krieg schwer beschädigte Gotteshaus vorbildlich wiederhergestellt worden ist.

Dom – Predigtkirche mit Orgel, Kanzel und Altar. Der Kirchenraum besaß mehr als 2 000 Sitzplätze. Der Grundriss bildet ein ungleichseitiges Achteck. In einer der apsisartigen Ecken steht die Kanzel, während der Altar auf der Abbildung rechts in der Hauptachse gegenüber vom Hauptportal in einem halbkreisförmigen Chor zu sehen ist. Auf der nördlichen Seite links befindet sich die Orgel von Wilhelm Sauer mit ihren 113 Registern.

Schinkelplatz mit Dom und Altem Museum 1903. Auf der Abbildung steht links das Thaer-Denkmal, gefolgt vom Beuth- und Schinkel-Denkmal. Diese Reihenfolge erklärt sich natürlich durch die Rückansicht.

Schinkelplatz

Der Westfront des Schlosses gegenüber und mit Blick zum Dom und zum Alten Museum lag längs der Spree der frühere Schinkelplatz, benannt nach dem großen Architekten und Maler Karl Friedrich Schinkel, dessen Standbild neben zwei anderen Denkmälern den Platz zierte. – In der Mitte und nach hinten versetzt stand die Porträtstatue Schinkels (1781–1841), entworfen 1867 und gegossen 1868 von Friedrich Drake (1805–1882). – Links davor befand sich die Statue Peter Christian Wilhelm Beuths (1781–1853), von August Kiß (1802–1865) im Jahr 1861 beendet. Der in Kleve geborene P. C. W. Beuth leitete von 1818–45 die Abteilung für Handel, Gewerbe und Bauwesen im preußischen Finanzministerium; mit seinem Freund Schinkel gründete er das Kunstgewerbemuseum; die rasche Entwicklung der preußischen Industrie nach 1815 zählt zu seinen besonderen Leistungen. – Rechts erschien das Denkmal für Albrecht Thaer (1752–1828). Es war Christian Daniel Rauchs (1777–1857) letztes Werk, das 1860 von Hugo Hagen (1818–1871) vollendet wurde. A. Thaer machte von sich reden durch verbesserte Methoden in der Landwirtschaft. Er gründete 1807 eine Lehranstalt, der ein Versuchsgut angeschlossen war. Sie wurde 1824 zur königlichen Akademie für Landbau erhoben. Als Professor der Landwirtschaft in Berlin setzte er sich maßgebend für die Anwendung der Naturwissenschaften in der Landwirtschaft ein und wurde zum Begründer der modernen, wissenschaftlichen Agrarwirtschaft. Weitere Verdienste erwarb sich A. Thaer durch die Förderung des Fruchtwechsels, des Kartoffelanbaus sowie der Schafzucht.

Die Denkmäler haben den Krieg überstanden, sie wurden aber an verschiedenen Orten untergebracht: im Märkischen Museum, im Lichthof der Landwirtschaftlichen Fakultät sowie in der Nationalgalerie. Nach der Wende ist der Schinkelplatz teilweise erneuert worden. Das Schinkel-Denkmal steht seit 1996 wieder am angestammten Platz, seit 1999 auch das Beuth-Denkmal. Die Aufstellung des Thaer-Denkmals ist wenigstens als Kopie vorgesehen; das Original wird wohl in der Landwirtschaftlichen Hochschule verbleiben, wo es 1949 mit verringerter Höhe aufgestellt wurde.

Museumsinsel

Das ursprünglich feuchte, sumpfige Gelände der Spreeinsel erhielt im Zug der Befestigung Berlins durch Memhardt eine Bastion. Um 1685 errichtete hier Michael Matthias Smid das Pomeranzenhaus, das zum Namengeber der 1719 erbauten Pomeranzenbrücke wurde, der späteren Friedrichsbrücke. Das Pomeranzenhaus gestaltete man 1749 zum Neuen Packhof um, der seinerseits um 1830 an den Kupfergraben versetzt wurde. Diese Gebäude wichen den späteren Museumsneubauten. Zuletzt erfolgte noch 1938 der Abriss des ehemaligen Salzsteuergebäudes.

Als man 1815 die von den Franzosen unter Napoleon geraubten Kunstwerke nach ihrer Rückführung in einer öffentlichen Ausstellung zeigte, wurde auch das Bedürfnis nach einem angemessenen Museumsbau geweckt, zumal

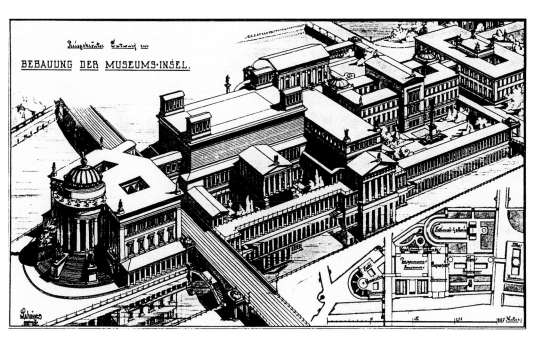

„*Preisgekrönter Entwurf zur BEBAUUNG DER MUSEUMS-INSEL*" *von Bernhard Sehring – Die Zeichnung von 1881–82 bringt einen Lageplan und eine Ansicht aus der Vogelschau. Sie zeigt einen Entwurf, der in antikisierenden Formen den Bedürfnissen der bereits bestehenden wie der erst noch zu errichtenden Museen gerecht zu werden versucht und grundsätzliche Ideen enthält, die später in der ausgeführten Bebauung wiederkehrten. Im Anschluss an das Alte und Neue Museum war querstehend ein tempelartiges Bauwerk vorgesehen. Es schloss sich das Pergamon-Museum an, von doppelstöckigen seitlichen Säulenbauten und einer Kolonnade zum Kupfergraben hin begrenzt. Im Hof dieser Anlage sollte ein Podiumstempel errichtet werden. Die Idee eines trapezförmigen Baus an der Inselspitze wurde in neubarocker Form 1897–1904 von Ernst von Ihne mit dem Kaiser-Friedrich-Museum, dem späteren Bode-Museum, umgesetzt.*

Friedrich Wilhelm III. im gleichen Jahr die Sammlung Giustiniani und 1821 die Sammlung Solly erwarb. Zudem wollte man die in verschiedenen Schlössern der Hohenzollern sich befindenden Kunstschätze der Öffentlichkeit zugänglich machen. Verschiedene Pläne wurden erwogen, schließlich setzte sich 1822 Schinkels Plan durch, auf der Nordseite des Lustgartens gegenüber dem Schloss einen geeigneten Bauplatz zu schaffen durch das Verfüllen des dortigen alten Kanals zwischen Spree und Kupfergraben. Hier erbaute Schinkel zwischen 1823 und 1828 das Alte Museum, das diesen Namen erhielt, nachdem das Neue Museum entstanden war. Mit diesem städtebaulich besonderen Platz gab Schinkel seinem Museum wegen der Nähe zu Dom und Schloss gleichzeitig einen hervorragenden geistigen Platz, er veranschaulichte im wahrsten Sinne des Wortes die Einheit von Krone, Kirche und Kunst. Die Forderung nach Wiederherstellung dieser historischen Einheit ist gleichzeitig ein entscheidendes Argument für den Wiederaufbau des Berliner Schlosses!

Das Alte Museum ist also das Kernstück der Museumsinsel. Durch eine Kabinettsordre verfügte 1841 Friedrich Wilhelm IV, das gesamte Gelände, das bis dahin weitgehend als Lager- und Stapelplatz diente, zu einem der „Kunst und der Altertums-Wissenschaft geweihten Bezirk" auszugestalten. Der König hatte bereits

1835 entsprechende Ideen entwickelt, die bis 1841 von Friedrich August Stüler konkretisiert wurden. Die Umsetzung der Vorstellungen für diese „Freistätte der Kunst und Wissenschaft" zog sich allerdings bis ins 20. Jahrhundert hinein. Da das 1830 eröffnete Alte Museum schon damals zu klein war, folgte 1843–47 konsequenterweise der Bau des Neuen Museums. Die Nationalgalerie wurde 1866–1876 errichtet. Für den weiteren Ausbau der Inselspitze lieferten zahlreiche Architekten Einzelbeiträge oder auch Gesamtpläne, so zu Beginn der siebziger Jahre des 19. Jahrhunderts Bernhard Kühn und August Orth. In den achtziger Jahren schlossen sich an: Ludwig Hoffmann, Alfred Messel, Julius und Otto Raschdorff, Franz Schwechten und Fritz Wolff. Seit 1883 durchschneidet, für Bebauungspläne nicht eben förderlich, die Stadtbahn das Inselgelände. Der Initiative Wilhelm von Bodes ist es zu verdanken, dass auf der Inselspitze 1897–1904 der Bau des Kaiser-Friedrich-Museums, des späteren Bode-Museums, erfolgen konnte. Das „Museum für Pergamenische Altertümer" von Fritz Wolff entstand zwischen 1898 und 1901, musste jedoch seit 1909 bis 1930 dem heutigen Pergamon-Museum weichen.

Dank der antikisierenden Bauformen ist die Museumsinsel als preußische Akropolis bezeichnet worden, als „Tempelareal des Geistes

Lustgarten, Altes Museum und Nationalgalerie um 1915. Die platzbeherrschende Funktion des quer gelagerten, zweigeschossigen Putzbaus, dessen vier Flügel zwei Höfe einschließen, die wiederum die dem römischen Pantheon nachempfundene Rotunde umfassen, ist unverkennbar. Zum Lustgarten hin öffnet sich die Front zu einer mächtigen Halle, zu der eine breite Freitreppe hinaufführt und die getragen wird von achtzehn ionischen Säulen, zu deren Kapitellen sich Schinkel von der nördlichen Halle des Erechtheions auf der Athener Akropolis hat anregen lassen. – In der Platzmitte erhebt sich das Reiterstandbild Friedrich Wilhelms III. von Albert Wolff, das am 16. Juni 1871 enthüllt wurde.

und der Schönen Künste." Die umfangreichen Sammlungen der fünf Museen errangen schon bald Weltgeltung. Auf dem verhältnismäßig engen Raum der Museumsinsel konnte der Besucher erlesene Kostbarkeiten aller Kulturen, Epochen, Stilrichtungen und die Werke zahlloser Künstler bewundern. Es bleibt zu hoffen, dass in nicht allzu ferner Zukunft die Museumsinsel ihren ehemaligen Rang in vollem Umfang zurückerhält.

Inzwischen hat die UNESCO die Berliner Museumsinsel in das Weltkulturerbe der Menschheit aufgenommen.

Altes Museum

Seit den ersten Jahrzehnten des 19. Jahrhunderts wurden private, vor allem fürstliche Kunstsammlungen, verstärkt der Öffentlichkeit zugänglich gemacht, in den Schlössern des Adels selbst, die teilweise zu Museen umgestaltet wurden, aber auch in eigenen Museumsbauten. Ein besonderer Grundgedanke leitete diese Bemühungen. Man wollte die eher zufällig zusammengetragenen Schätze adligen Prestige- und Repräsentationsdenkens, die meist ohne Rücksicht auf ihr historisches und künstlerisches Umfeld erworben worden waren, unter bestimmten Gesichtspunkten zusammenführen und erschließen, die einzelnen Objekte also in historische, ästheti-

sche, künstlerische, kulturgeschichtliche, geographische oder andere Zusammenhänge stellen. Zugleich sollte für die „besseren" Kreise der Bevölkerung eine Möglichkeit geschaffen werden, ihre geistige, musische, literarische, künstlerische Bildung in der unmittelbaren Anschauung der Ausstellungsobjekte zu erweitern.

Als erster eigenständiger Museumsbau in Deutschland ist an dieser Stelle die von Ludwig I. von Bayern 1816 in Auftrag gegebene und von Leo von Klenze ausgeführte Glyptothek in München zu nennen.

Karl Friedrich Schinkel hat sich ebenfalls schon früh mit Museumsplänen beschäftigt. Zu seinem Hauptwerk sollte das Alte Museum werden. König Friedrich Wilhelms III. Kabinettsordre vom 29.3.1810, „in Berlin eine öffentliche, gut gewählte Kunstsammlung anzulegen", hatte die Voraussetzung geschaffen, mit entsprechenden Planungen zu beginnen. Die konkreten Arbeiten übernahm unter dem Vorsitz des Staatskanzlers Karl August von Hardenberg ab 1820 die Museumskommission, in der Wilhelm von Humboldt, Karl Friedrich von Rumohr, Franz Kugler, Gustav Friedrich Waagen, Christian Rauch und Karl Friedrich Schinkel saßen. Man entschied sich nach mancherlei Beratungen für einen Museumsneubau, zu dem Schinkel die Pläne geliefert hatte. Dieses Bauwerk entstand zwischen 1824 und 1828. Ein Querarm der

Lustgarten und Altes Museum. Im Vordergrund steht das Reiterstandbild Friedrich Wilhelms III. Dahinter erhebt sich eindrucksvoll die Fassade des Alten Museums. Die Abbildung zeigt die unter einem Würfelbau versteckte Kuppel. Das Konzept der malerischen wie plastischen Ausstattung stammt ebenfalls von Schinkel. So erheben sich auf der Dachzone jeweils über den achtzehn Säulen achtzehn stilisierte Adler von Christian Friedrich Tieck, die das Museum als königliche Gründung ausweisen. Die knienden Frauengestalten an den Ecken, die die Flammen in den Kandelabern schützen, stammen von Ludwig Wichmann und beziehen sich auf die „ästhetische Erziehung" der Besucher. An den vorderen Ecken des Würfelbaus erkennt man rossebändigende Dioskuren (Eisenguss), auch von Chr. Fr. Tieck. (Poststempel 28.8.1917)

125

Altes Museum, bronzene Amazone auf der rechten Treppenwange (Postkarte um 1910). Die Amazone, die mit ihrem Ross gegen einen Panther kämpft, wurde 1842 von August Kiß geschaffen. Aus der Säulenhalle schauen neugierige Burschen dem Tun des Fotografen zu.

Spree war zuzuschütten und eine Pfahlrostgründung aus 3 350 Pfählen einzurammen. Die feierliche Eröffnung fand am 3. August 1830 statt. Die rund neunzig Meter umfassende Hauptfront des Alten Museums verlieh dem Lustgarten den Charakter eines herausragenden städtebaulichen Platzes in der Nachbarschaft von Dom und Schloss. Im Gebälk über den Säulen kündete eine vergoldete Inschrift von Sinn und Zweck des Bauwerks: FRIDERICVS GVILELMVS III. STVDIO ANTIQVITATIS OMNIGENAE ET

ARTIVM LIBERALIVM MVSEVM CONSTITUIT MDCCCXXVIII = Friedrich Wilhelm III. hat das Museum 1828 dem Studium der Altertumswissenschaften und der sieben freien Künste bestimmt. Das Haus war ausschließlich Kunstwerken und kunstgewerblichen Erzeugnissen des griechischen und römischen Altertums vorbehalten.

Das Museum wurde im Zweiten Weltkrieg wiederholt beschädigt und brannte 1945 aus. Der Wiederaufbau zog sich bis 1966 hin, weitere Restaurierungen folgten zu Beginn der achtziger Jahre des 20. Jahrhunderts.

Nationalgalerie

Als Gründung der Nationalgalerie ist die Stiftung des Konsuls Joachim Heinrich Wilhelm Wagener anzusehen, der 1861 dem König testamentarisch 262 Gemälde von Künstlern seiner Zeit vermachte, mit der Maßgabe, diese zeitgenössische Malerei der Öffentlichkeit zugänglich zu machen. – Die Pläne zur Nationalgalerie entwarf nach Skizzen Friedrich Wilhelms IV. seit 1862 Friedrich August Stüler, der einen auf zwölf Meter hohem Unterbau ruhenden korinthischen Kunsttempel mit vorgelagerter, doppelläufiger Freitreppe vorschlug. Nach Stülers Tod 1865 führte Johann Heinrich Strack bis 1876 die Arbeiten fort.

Friedrichsbrücke und Nationalgalerie um 1910. Diese auch fotografisch besonders reizvolle Aufnahme zeigt die städtebauliche Bedeutung der Nationalgalerie, die sich eindrucksvoll über Brücke und Kolonnaden erhebt und die Formen eines korinthischen Tempels zeigt.

Die schweren Schäden durch den Zweiten Weltkrieg konnten bis 1955 weitgehend behoben werden. Weitere Wiederherstellungsarbeiten folgten. Die letzte, drei Jahre währende, grundlegende Restaurierung wurde erst am 2. Dezember 2001 abgeschlossen: mit der Wiedereröffnung des Museums.

erlin   Denkmal Friedrich Wilhelm IV. und Dom

Blick vom Reiterstandbild Friedrich Wilhelms IV. vor der Königlichen Nationalgalerie zum Dom um 1925.
Das Standbild auf der Freitreppe der Königlichen Nationalgalerie wurde nach einem Entwurf Gustav Blä-
sers 1886 von Alexander Calandrelli (1834–1903) geschaffen.

Königliche Nationalgalerie und Reiterstandbild Friedrich Wilhelms IV. um 1900. Die doppelläufige Freitreppe trägt in der Mitte das Standbild des Gründers der Nationalgalerie, Friedrich Wilhelms IV. Am Treppenaufgang stehen auf erhöhten Sockeln die Allegorien der Bildhauerei und Malerei von Moritz Schulz (1825–1904), am Treppenende die Personifikationen des Kunstgedankens von Alexander Calandrelli und der Kunsttechnik von Julius Moser (1832–1916). Die Stirnseite der Nationalgalerie erscheint als übergiebelte, korinthische Säulenhalle. Die gegliederten Seiten über dem Sockelbau tragen zwischen dreizehn Halbsäulen rechteckige Tafeln mit den Namen deutscher Künstler. Das Giebelrelief zeigt eine Germania als Beschützerin der Künste von August Wittig (1823–1893). Als krönender Abschluss ist eine Darstellung der drei bildenden Künste von Rudolf Schweinitz (1839–1896) zu sehen.

Kaiser-Friedrich-Museum
(seit 1958: Bode-Museum)

Die Verwaltungsarbeit, die Sammlungstätigkeit, aber natürlich auch die künstlerischen wie wissenschaftlichen Leistungen der Generaldirektoren der königlichen Museen, nämlich Richard Schönes und seines Nachfolgers Wilhelm von Bodes, haben die Voraussetzungen geschaffen, das großartige Konzept der Museumsinsel durch den Bau eines fünften Museums abzuschließen und den Weltruhm Berlins als Stadt der Kunst zu begründen.

In neubarocken Formen hat Ernst von Ihne 1897–1904 diesen Museumsbau errichtet. An der Spitze der Spreeinsel gelegen, besitzt er durch seine exponierte Lage auch eine ganz besondere städtebauliche Bedeutung. Auf dreieckigem Grundriss umschließen die verschiedenen Flügel insgesamt fünf Innenhöfe. Übergiebelte Risalite und die korinthische Säulenordnung gliedern die Fassaden. Der Haupteingang ist in Anpassung an seine besondere Lage abgerundet. Arkaden führen in die Vorhalle. Gekrönt wird der ganze Bau durch eine mächtige Kuppel. Auf der Mauerzone über dem Gesims (Attika) stehen Allegorien der Künste und berühmter Kunststädte von August Vogel und Wilhelm Widemann.

Nach schweren Kriegsschäden konnte der Bau abschnittsweise wiederhergestellt werden.

Teilweise konnte er seit 1953 wieder als Museum genutzt werden. Die Restaurierungen dauerten bis 1978. Man richtete das Ägyptische Museum ein, zeigte die byzantinisch-frühchristlichen Sammlungen, die Gemäldegalerie, die Skulpturensammlung, das Münzkabinett sowie die Bestände des Museums für Ur- und Frühgeschichte. – Neuere Umbaumaßnahmen und weitere Wiederherstellungen haben zur Schließung des Museums geführt. Die Wiedereröffnung ist noch unbestimmt.

Unter den Linden

Der Name der Berliner Prachtstraße, die von der Schlossbrücke bis zum Brandenburger Tor reicht, weckt bis heute unterschiedliche Empfindungen. Maler, Dichter, Schriftsteller, Musiker und andere haben zu allen Zeiten aus ihrer besonderen Sicht die Straße gemalt, bedichtet, verewigt: die Bau- und Kunstdenkmäler, die stolzen Bürgerbauten, die ansehnlichen Adelspaläste, aber auch die Promenade, die Kaffeehäuser, die Theater, die Geschäfts- und Vergnügungsstätten, die Bankhäuser und Hotels oder Botschaften usw., die an der 1 390 Meter langen und 60 Meter breiten Allee im Laufe der Zeiten errichtet, abgerissen und durch größere Bauten ersetzt wurden. Seit der Aufklärung haben fast alle Kulturepochen wesentliche Spuren hinter-

Kaiser-Friedrich-Museum (Bode-Museum) von Westen um 1910. An der Spitze der Museumsinsel zwischen den Spreearmen erscheint der eindrucksvolle Museumsbau, zugänglich über die Monbijou-Brücken. Auf der äußersten Spitze steht das Reiterstandbild Kaiser Friedrichs III., nach dem das Museum benannt wurde. – Hinter dem Museum durchschneiden die Gleise der Stadtbahn die Spreeinsel. – Im Hintergrund sieht man von links die Marienkirche, das Rote Rathaus und das Schloss mit der beherrschenden Kuppel.

lassen. Den Geist dieser Epochen vermitteln bis heute die unterschiedlichen Bauwerke Unter den Linden. Sie spiegeln ein fast unglaubliches geistiges Leben wider, bewahren das Wirken und Schaffen ungezählter bedeutender Baumeister, Künstler, Wissenschaftler, Politiker usw.

Dazu gehören beispielsweise, (der Einfachheit halber in alphabetischer Reihenfolge): Alban Berg, Hans von Bülow, Albert Einstein, Friedrich Engels, Johann Gottlieb Fichte, Johann Wolfgang von Goethe, Gerhart Hauptmann, Heinrich Heine, Alexander und Wilhelm von Humboldt, Käthe Kollwitz, Georg Wenzeslaus von Knobelsdorff, Gotthold Ephraim Lessing, Max Liebermann, Heinrich Mann, Karl Marx, Felix Mendelssohn-Bartholdy, Adolf von Men-

Unter den Linden um 1900 mit der Universität, dem Zeughaus, dem Stadtschloss, Kommandantur, Kronprinzenpalais, Prinzessinnenpalais und Opernhaus

links: Kaiser Wilhelm II. an der Spitze einer Fahnenkompagnie Unter den Linden (vor dem Gebäude der Universität) um 1910

Die östlichen Abschnitte der Prachtstraße Unter den Linden. – Verkleinerte Ausschnitte aus einem Panorama der Linden um 1850 – Bemerkenswert ist nicht nur die Kulisse der Bauwerke, vielmehr wird das Panorama zu einem kulturgeschichtlichen Dokument durch die Szenen täglichen Lebens Unter den Linden, auch wenn diese durch die Verkleinerung nicht so deutlich hervortreten. – In Berlin wie in anderen großen Städten gab es seit Beginn des 19. Jahrhunderts zunehmend Interessenten für derartige Stadtansichten, für die zahlreiche Drucker, Stecher, Zeichner usw. tätig wurden. – Die obere Abbildung zeigt aus Richtung Schloss, also von rechts nach links: Zeughaus, Neue Wache, Universität, Akademie. Die untere Abbildung bringt ebenfalls aus Richtung Schloss, diesmal also von links nach rechts: Kommandantur, Kronprinzenpalais, Prinzessinnenpalais, Hedwigskirche, Opernhaus, Durchblick zum Gendarmenmarkt, Bibliothek, Palais des Prinzen von Preußen, Palais des Königs der Niederlande, Hotel.

zel, Gottfried Schadow, Andreas Schlüter, Karl Friedrich Schinkel, Carl Maria von Weber usw. usw.

Die Linden, die Via Triumphalis Berlins, die bekannteste Straße der Stadt und zugleich eine der berühmtesten Europas, die für Heinrich Mann zu den „überdimensionalen Schöpfungen europäischer Kultur" gehörte, haben nicht immer den repräsentativsten Eindruck gemacht.

Solange die Linden nicht gepflastert waren, erweckten sie je nach Wind und Wetter einen nicht gerade erfreulichen Eindruck. Vorbeigaloppierende Reiter wirbelten dichte Sandwolken auf, und nach größeren Regenfällen blieben gar die Kutschen im tiefen Sand und Morast stecken. Reichskanzler Chlodwig Fürst zu Hohenlohe-Schillingsfürst notierte noch um die Jahrhundertwende in seinen „Denkwürdigkei-

ten der Reichskanzlerzeit" (der Fürst hatte dieses Amt zwischen 1894 und 1900 inne): „Der Fremde, der nach Berlin kommt, geht doch zunächst ‚unter die Linden'. Hier bekommt er zu seinem Erstaunen den Eindruck einer zurückgebliebenen Provinzialstadt. Er findet in der Mitte einen breiten, von verkümmerten Bäumen eingefaßten Sandweg, an dessen einer Seite sich ein je nach Witterung staubiger oder sumpfiger Weg für Reiter hinzieht, an dessen anderer Seite ein gepflasterter schmaler Weg für Lastfuhrwerke sein unmotiviertes Dasein fristet. Längs der Häuser läuft je ein schmaler asphaltierter Straßendamm mit verhältnismäßig schmalen Trottoirs oder Bürgersteigen. Das Ganze ist unharmonisch und macht einen verwirrenden Eindruck. Besucht man die Linden an Sonn- und Feiertagen, so erkennt man sofort,

Zeughaus, Innenhof, Zwei Kriegermasken von Andreas Schlüter (Kupferstich von 1888)

dass die Bürgersteige für die Spaziergänger ungenügend sind. Man wird geschoben oder gestoßen und beeilt sich, ruhigere Straßen aufzusuchen. Hat man sich mühsam durchgedrückt und endlich das Standbild Friedrichs des Großen erreicht, so atmet man auf, denn man findet eine breite, einer Großstadt würdige Straße, die an der Universität und der Oper vorbei nach dem Schloß führt."

Der alte Weg vom Schloss zum Tiergarten wurde 1647 auf Veranlassung des Großen Kurfürsten mit sechs Reihen Linden- und Nussbäumen bepflanzt. Den seit 1658 durchgeführten Befestigungsarbeiten auf dem Friedrichswerder

mussten zahlreiche Bäume wieder weichen. Als 1673 die Neustadt, die spätere Dorotheenstadt, angelegt wurde, bildeten die Linden deren südliche Grenze. Als die Dorotheenstadt sich nach Westen ausdehnte und als 1734 das Quarré, der spätere Pariser Platz, angelegt wurde, erfuhr die Lindenallee eine entsprechende Verlängerung bis zum Brandenburger Tor, das zum Tiergarten führte. Friedrich der Große verlieh den Linden durch die Anlage der repräsentativen Bauten des Forum Fridericianum, mit dessen Ausführung der Baumeister Knobelsdorff betraut wurde, eine herausragende städtebauliche Bedeutung, auch wenn das Vorhaben nur zum Teil umgesetzt wurde. Weitere aufwendige Adels- wie Bürgerbauten wurden errichtet und werteten die Allee weiter auf. Im 19. Jahrhundert fielen die meisten Bauten des 18. Jahrhunderts dem gesteigerten Repräsentationsbedürfnis zum Opfer. Ebenso sorgte der seit der Jahrhundertwende sprunghaft zunehmende Verkehr dafür, dass die ursprüngliche Ordnung von Bürgersteig, Fahrdamm, Reitweg, Mittelpromenade aufgegeben werden musste. Gleichzeitig erlebte der großbürgerlich geprägte Kurfürstendamm („Kudamm") einen außergewöhnlichen Aufschwung, der die Bedeutung der Linden beeinträchtigte und sie zu einer „Laufstraße" werden ließ, so wie die Leipziger Straße den Ruf einer „Kaufstraße" oder die Friedrichstraße den

Zeughaus um 1910. Im Vergleich mit den Fußgängern wird die Monumentalität des streng gegliederten Bauwerks ersichtlich. Gemildert wird diese Strenge durch den reichhaltigen bauplastischen Schmuck.

weniger erfreulichen Titel einer „Saufstraße" erlangten.

Der historische Charakter der Linden ist nur im östlichen Teil erhalten geblieben bzw. nach den Kriegszerstörungen wiederhergestellt worden, indem 1946 auch wieder junge Linden angepflanzt wurden.

Ruhmeshalle – Zeughaus

Das Zeughaus (Unter den Linden 2) zählt zu den herausragenden Bauten der preußisch-deutschen Geschichte, es ist das größte erhaltene Bauwerk aus der Zeit Friedrichs I., zugleich das älteste Unter den Linden und der wichtigste Barockbau der Stadt, außerdem wohl das

Hauptwerk des bildhauerischen Schaffens Andreas Schlüters.

Kurfürst Friedrich III., seit 1701 König Friedrich I. von Preußen, wollte in der Nähe des Schlosses ein Waffenarsenal einrichten. Mit der Ausführung betraute er 1695 zunächst Johann Arnold Nering. Nach dessen Tod folgte Martin Grünberg, der wiederum 1698 von Andreas Schlüter abgelöst wurde. Dieser verlor nach nur einem Jahr infolge des Einsturzes des von ihm geplanten Münzturms am Schloss alle Bauämter.

Jean de Bodt vollendete 1706 den Bau. Das Zeughaus ist ein zweigeschossiger quadratischer Monumentalbau mit Seitenlängen von 90 Metern, aufgeteilt in 19 Fensterachsen und, abgesehen von der Rückseite, jeweils mit einem übergiebelten Mittelrisalit versehen. Die vier Flügel umschließen einen quadratischen Lichthof mit einer Seitenlänge von 38 Metern. Der wohlgegliederte Bau erhielt seinen ganz eigenen Charakter durch die verschwenderische Bauplastik, zu der allein zwölf Figurengruppen auf der Dach-

Zeughaus, Herrscherhalle: Der Krieg. Die Herrscherhalle war als quadratischer Flachkuppelraum mit Seitenlängen von 21,80 Metern und einer Höhe von 20,80 Metern errichtet worden. Im östlichen Bogenfeld erschien die Darstellung des Krieges, geschaffen von Friedrich Geselschap (1835–98).

Zeughaus, Herrscherhalle: Empfang der gefallenen Helden in Walhalla im westlichen Bogenfeld, von Friedrich Geselschap. In den Ecken befinden sich Darstellungen der vier Herrschertugenden. Vor den Pfeilern stehen insgesamt acht bronzene Standbilder preußischer Herrscher vom Großen Kurfürsten bis zu Wilhelm I. Zusätzlich sind einige der Büsten zu sehen, die Scharnhorst, Stein, Bismarck und Roon darstellen.

balustrade gehören. Zu nennen sind weiterhin die Allegorien von Guillaume Hulot am Hauptportal: der Geometrie und Ingenieurskunst links sowie der Architektur und Feuerwerkskunst rechts. Im Giebelfeld darüber erscheint Minerva als Göttin der Kriegskunst. Die als plastische Federbüsche und Helme gestalteten Schlusssteine über den Fensterbögen und vor allem die 22 Masken sterbender Krieger im Lichthof stammen von Andreas Schlüter. Diese zeigen die Schrecken des Krieges, während jene vom äußeren Ruhm und Glanz militärischer Erfolge künden.

Im Zeughaus wurden bis 1876 Waffen und Kriegsgerät aufbewahrt. Anschließend erfolgte unter Wilhelm I. der Umbau zu einem Waffenmuseum und einer Ruhmeshalle der brandenburgisch-preußischen Armee.

Die schweren Kriegszerstörungen konnten bis 1965 behoben werden, und 1952 richtete die SED im wiederhergestellten Zeughaus ihr marxistisch ausgerichtetes „Museum für Deutsche Geschichte" ein, das „mit den revolutionären, demokratischen und humanistischen Traditionen des Deutschen Volkes bekannt" machen sollte. Nach der Wende änderten sich die ideologischen Grundlagen und Ziele, aber das Museum blieb als Deutsches Historisches Museum bestehen. Erneute Restaurierungen begannen 1996.

Blücher-Denkmal

Etwa hundert Meter südlich des ehemaligen Standorts gegenüber der neuen Wache finden sich seit 1964 zwischen Oper und Operncafé die Standbilder der großen Feldherren aus den Befreiungskriegen gegen Napoleon. Es sind dies Ludwig Graf Yorck von Wartenburg (1759–1830), Gebhard Leberecht Fürst von Blücher (1742–1819) und August Graf Neidhardt von Gneisenau (1760–1831), hervorragende Werke von Christian Daniel Rauch (1777–1857). Das Denkmal Blüchers hatte Unter den Linden einen besonders wirksamen Platz gefunden. Friedrich Wilhelm III. hatte das 7,85 Meter hohe Standbild bereits 1819 in Auftrag gegeben, aufgestellt wurde es 1826. Blücher erscheint in Generalsuniform, hält den Husarensäbel in der Rechten und setzt symbolisch den linken Fuß auf ein Geschützrohr. Am unteren Sockel wurde das Wappen Blüchers angebracht, seitlich ein ruhender und ein schreitender Löwe als Verkörperungen von Frieden und Kampf. Der umlaufende Fries darüber erzählt aus der Geschichte der Befreiungskriege: vom Aufruf zum Kampf vor dem Rathaus zu Breslau, vom Abschied der Kürassiere, vom Auszug der Ulanen wie der Landwehr, von kämpfenden Husaren, von Dragonern am Lagerfeuer, vom Vormarsch der Husaren und der Infanterie und vom sie-

Zeughaus. Zu den Wandbildern der Herrscherhalle gehörten die berühmte Kaiserproklamation zu Versailles am 18. Januar 1871 von Anton von Werner (1843–1915) (Abb. oben) und die Darstellung der Schlacht bei Torgau am 4. November 1760 im Verlauf des Siebenjährigen Krieges (1756–63) (Abb. unten).

Das Aufziehen der Wache und andere militärische Veranstaltungen gestalteten sich immer wieder zu großen Spektakeln, die zahlreiche Zuschauer anzogen. Die Abbildung zeigt links das Zeughaus, darüber die Kuppel des Doms. In der Mitte geht es über die Schlossbrücke zum Schloss. Darüber erscheint der Turm des Roten Rathauses. Am rechten Bildrand stehen die von Christian Daniel Rauch geschaffenen Feldherren-Denkmäler Yorcks, Blüchers und Gneisenaus (Abb. um 1905).

141

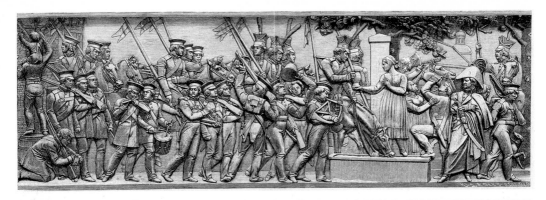

Blücher-Denkmal, Darstellungen vom Marsch der Preußen auf Paris aus dem Sockelfries (Kupferstich von 1886). Oben reichen Mädchen am Brunnen den erschöpften Kriegern Wasser; unten sind u. a. biwakierende Soldaten zu sehen. Es ist hervorzuheben, dass der Künstler keine allegorischen Szenen, sondern sehr realistisch gehaltene aufgegriffen hat. Auf der unteren Abbildung erscheinen ganz rechts Blücher und Schinkel.

greichen Einzug in Paris. Die einzelnen Szenen erfahren eine zusätzliche Belebung durch Genrefiguren wie Mädchen am Dorfbrunnen, Marketenderin oder Hirte. Auf dem oberen Teil des Sockels sind auf Vorder- und Rückseite Viktorien zu finden, während auf der rechten Seite Nemesis dem in römischer Rüstung dargestellten Blücher das Racheschwert überreicht, eine weitere Viktoria sich bereits dem Sieg zuwendet und im Hintergrund Fortuna zuschaut. Darun-

Unter den Linden mit Zeughaus und Schlossbrücke, Aufzug der Schlosswache, um 1905. Die Aufnahme dokumentiert, dass militärische Zeremonien schon immer eine besondere Anziehungskraft auf die Menschen besessen haben, auch wenn es um vielfach sich wiederholende Inszenierungen ging. Daran hat sich bis heute nichts geändert..

ter ruht auf Grabmälern der Genius des Todes, und zwar zwischen den Flussgöttern der Katzbach und der Loire. Auf der linken Seite reicht Borussia (Preußen) dem Feldherrn den Siegeslorbeer, und eine Viktoria errichtet Trophäen.

Auf dem im Hintergrund stehenden Altar sind Fürstenmantel und Fürstenkrone zu sehen. Auf dem Relief darunter verzeichnet eine sitzende Viktoria die Taten der Helden, eingerahmt von weiteren Viktorien.

Die Denkmäler Yorcks und Gneisenaus ließ Friedrich Wilhelm IV. 1855 in etwas kleinerem Maßstab aufstellen. Das Denkmäler-Ensemble ist als herausragendes Beispiel der Berliner Bildhauerkunst des 19. Jahrhunderts zu werten. Neben der künstlerischen Bedeutung ist die eher psychologische Aufgabe zu sehen, nach den bitteren Niederlagen Preußens gegen Napoleon und nach den siegreichen Befreiungskriegen das Nationalbewusstsein des Landes zu fördern.

Neue Wache

Karl Friedrich Schinkels erstes größeres Werk in Berlin (Unter den Linden 4), neben dem monumentalen Zeughaus gelegen, besticht vor allem durch die Klarheit seiner klassizistischen Formen. Die Neue Wache wurde 1817/18 errichtet und war damit das erste öffentliche Bauwerk nach den Befreiungskriegen. Schinkel hat diesen quadratischen Bau mit abgesetzten Eckrisaliten nach eigenen Worten einem römischen Castrum nachempfunden. Die mit dorischen Säulen geschmückte Vorhalle steht in reizvollem

links und rechts: Neue Wache um 1905. Die zahlreichen Soldaten hinter dem absperrenden Gitter bezeugen den ursprünglichen Zweck des Gebäudes, als Wache zu dienen für den im gegenüberliegenden Kronprinzenpalais residierenden König Friedrich Wilhelm III., daher auch ursprünglich als Königswache bezeichnet.

Kontrast zum würfelartigen Baukörper. Am Gebälk über den Säulen finden sich Viktorien von Gottfried Schadow, die wie eine Fortsetzung der Säulen wirken und die Last der Baumasse mindern. Die allegorische Kampfszene im Giebel hat 1842–48 August Kiß nach Schinkels Entwurf ausgeführt.

Die Neue Wache wurde 1906 Schauplatz eines einmaligen, kuriosen Ereignisses, als am 16. Oktober 1906 auf Veranlassung des „Hauptmanns von Köpenick" Bürgermeister und Honoratioren aus Köpenick eingeliefert wurden. Zuckmayers Schauspiel und dessen Verfilmungen haben den „Hauptmann" zur Legende werden lassen.

Nach dem Ersten Weltkrieg verlor die Wache 1918 ihre ursprüngliche Funktion. Heinrich Tessenow baute sie 1930–31 zu einem Ehrenmal

Kronprinzenpalais um 1905. Der verhältnismäßig schlichte, aber mit Pilastern und Gesimsen fein gegliederte Bau zeigt noch die heute fehlenden Verzierungen der Fenster mit Helmen und Adlern. Die Säulenhalle mit ihrem großen Balkon steht schützend über der Auffahrt. Der Säulenschmuck wird links als Pergola fortgesetzt. Auf der rechten Seite tritt noch das Prinzessinnenpalais ins Bild. Der nur teilweise sichtbare Kopfbau des Palais wurde 1811 von Heinrich Gentz (1766–1811) errichtet und diente als Wohnung für die Töchter des Königs. Der Außenbau wurde nach der Zerstörung im Krieg ebenfalls rekonstruiert.

Königliches Opernhaus um 1895. Die Abbildung zeigt den langen, dreigeschossigen Rechteckbau. Die Eingangsfront beherrscht ein von sechs korinthischen Säulen getragener Portikus. Im Giebelrelief wurde ursprünglich Apollo ein Opfer dargebracht. Die Längsseite ist in der Mitte durch einen vorspringenden, von sechs Pilastern bestimmten Risalit gegliedert.

für die Gefallenen des Ersten Weltkriegs um. In DDR-Zeiten diente das Bauwerk als Mahnmal für die Opfer von Faschismus und Militarismus. Seit der Wende dient die einstige Königswache als „Zentrale Gedenkstätte der Bundesrepublik Deutschland für die Opfer von Krieg und Gewaltherrschaft."

Kronprinzenpalais

Das einstige Kronprinzenpalais (Unter den Linden 3) wurde 1663 von Johann Arnold Nering durch den Umbau eines bereits bestehenden Bürgerhauses geschaffen und 1732–33 von Philipp Gerlach (1679–1748) für den Kronprinzen Friedrich, den späteren Friedrich den Großen, hergerichtet. Von 1793–1840 wohnte Friedrich Wilhelm III. mit seiner Gemahlin, der Königin Luise, in diesem Palast, in dem 1797 Kaiser Wilhelm I. geboren wurde. Nach Plänen von Johann Heinrich Strack (1805–1880) erfolgte 1857 ein durchgreifender Umbau, in dessen Verlauf das zweite Stockwerk aufgesetzt wurde. Von 1858–1888 residierte in diesem Palais der Kronprinz und spätere Kaiser Friedrich III. Am 27. Januar 1859 wurde hier Kaiser Wilhelm II. geboren.

Nach dem Ersten Weltkrieg zog 1919 die Neue Abteilung der Nationalgalerie ins Kronprinzenpalais ein. Die Gemäldeausstellung wurde 1937 von den Nationalsozialisten geschlossen, weil sie nach Meinung der Machthaber entartete Kunst zeigte.

Im Zweiten Weltkrieg erlitt das Bauwerk schwerste Schäden, wurde abgetragen und 1969 als Rekonstruktion wiederaufgebaut. Seitdem heißt es Palais Unter den Linden. In DDR-Zeiten wurde das Gebäude als Kultur- und Gästehaus genutzt. Es erlangte historische Bedeutung durch die in seinen Mauern erfolgte Unterzeichnung des Einigungsvertrages zwischen der Bundesrepublik Deutschland und der DDR am 31. August 1990.

Königliches Opernhaus

Die heutige Deutsche Staatsoper (Unter den Linden 7) wurde 1741–43 nach Plänen von Georg Wenzeslaus von Knobelsdorff im Zusammenhang mit der geplanten großen Residenzanlage Friedrichs II., des Forum Fridericianum, erbaut. Sie war der erste freistehende Theaterbau Deutschlands und wurde als modernstes Werk seiner Art von den Zeitgenossen bewundert. Das Haus war Apollo und den Musen gewidmet, daher auch das tempelartige Aussehen. Das „größenwahnsinnige Opernhaus" (Hegemann) erfuhr, wie soeben zu lesen, aber auch herbe Kritik, denn 2 000 Opernplätze für eine Stadt von 90 000 Einwohnern schienen tatsächlich „Größenwahn" zu doku-

Opernhaus und Hedwigskirche um 1910. Die Fassaden der Oper sind verunstaltet durch eiserne Feuerleitern, die in wilhelminischer Zeit aus Brandschutzgründen angebracht werden mussten. In der Anlage am rechten Bildrand steht das 1895 eingeweihte Marmordenkmal der Kaiserin Augusta, geschaffen von Fritz Schaper (1841–1919).

mentieren. Vor allem, wenn man bedenkt, dass ohnehin nur bestimmte Gäste das Haus betreten durften, das Parkett, das keine Sitzmöglichkeiten aufwies, war den Militärs vorbehalten.

Unter Carl Gotthard Langhans d. Ä. (1733–1808) erfolgte 1788 eine Modernisierung. Das Parkett erhielt eine Bestuhlung für 1 500 Besucher. Und es wurden erstmals allgemeine Eintrittskarten angeboten. Ein Brand 1843 zerstörte das Haus bis auf die Grundmauern. Carl Ferdinand Langhals d. J. (1781–1869) besorgte den Wiederaufbau in der alten Gestalt, das Innere allerdings erhielt eine prachtvolle klassizistische Ausstattung. Albert Lortzing, Giacomo Meyerbeer, Richard Strauß oder später Erich Kleiber u. a. feierten rauschende Erfolge.

Das Opernhaus erlitt im Zweiten Weltkrieg schwerste Schäden, wurde aber 1952–55 nach Plänen von Richard Paulick wiederaufgebaut und mit Richard Wagners „Meistersingern von Nürnberg" am 4. September 1955 eingeweiht. Das äußere Erscheinungsbild war schon früher, so in den zwanziger Jahren des 20. Jahrhunderts, durch den Aufbau des Bühnenhauses stark beeinträchtigt worden, diese Störung konnte jetzt weitgehend durch die Orientierung an Knobelsdorffs Formensprache aufgehoben werden. Eine umfassende Erneuerung und Modernisierung fand 1986 statt, die Wiedereröffnung wurde am 15. November 1986 mit Carl Maria von Webers Oper „Euryanthe" gefeiert. – Der Giebelportikus erhielt seine ursprüngliche Inschrift zurück: FRIDERICUS REX APOLLINI ET MUSIS.

Hedwigskirche

Die heutige Kathedralkirche (seit 1929) der Katholiken des Bistums Berlin, der schlesischen Schutzheiligen Hedwig geweiht, verdankt ihre Entstehung gleich mehreren historischen Entwicklungen der Stadt. Friedrich II. hatte in Kriegen gegen die österreichische Kaiserin Maria Theresia Schlesien für Preußen gewonnen. Das Kirchenpatrozinium kann daher als eine wohlwollende Geste diesem Land und seiner katholischen Bevölkerung gegenüber verstanden werden. Der König konnte außerdem seine religiöse Toleranz unter Beweis stellen. Und schließlich gab es einen ganz praktischen Anlass, die katholische Gemeinde Berlins war auf 10 000 Gläubige angewachsen, besaß alle Pfarrrechte, aber kein zentrales Gotteshaus.

Friedrich II. lieferte Bauplatz und Ideen, Georg Wenzeslaus von Knobelsdorff die Pläne, die Umsetzung der Ideen und Pläne übernahm ab 1747 Johann Boumann (1706–1776). Vollendet wurde der diagonal zum Opernplatz auf einem Teil der alten Befestigungen stehende Bau 1773. Als Vorbild für den mächtigen Kuppelbau mit 40 Metern Durchmesser und mit vorgesetztem übergiebeltem Portikus diente das Pantheon in Rom. Laterne und Kreuz wurden in Anlehnung an den ursprünglichen Entwurf 1886–87 aufgesetzt. Gleichzeitig erhielt die Kuppel statt des roten Ziegeldachs eine Kupferbedeckung. Nikolaus Geiger schuf 1897 das Giebelrelief, das die Anbetung der Könige zeigt.

Hedwigskirche um 1900. Der runde, überkuppelte Zentralbau besitzt als Eingang einen von sechs ionischen Dreiviertelsäulen getragenen Portikus, zu dem eine achtstufige Freitreppe hinaufführt. Zwischen den Säulen befinden sich die rundbogigen Portale und zwei Figurennischen. Die Reliefs darüber, 1837 von Theodor Wilhelm Achtermann geschaffen, zeigen ein christologisches Programm: Verkündigung, Christus am Ölberg, Kreuzabnahme, Auferstehung sowie Himmelfahrt. Den Fries ziert die mit Putten geschmückte Weiheinschrift. Im dreieckigen Giebelfeld erscheint die Anbetung der Könige. Auf der Giebelspitze steht eine Figur der hl. Hedwig, als Assistenzfiguren dienen die Verkörperungen eines Engels und der Nächstenliebe.

Im Zweiten Weltkrieg brannte die Kirche 1943 aus. Der Wiederaufbau erfolgte zwischen 1952 und 1963. Die Pläne lieferte Hans Schwippert. Die Kuppel wurde aus Stahlbeton gefertigt, das Innere ebenfalls modernisiert und vereinfacht.

Königliche Universität

Die heutige Humboldt-Universität, bis zum Kriegsende Friedrich-Wilhelm-Universität, Unter den Linden 6, wurde 1748–53 von Johann Boumann d. Ä. als Stadtpalast für den 1802 verstorbenen Prinzen Heinrich, den zweitältesten Bruder Friedrichs des Großen, erbaut, Fertigstellung 1766. Während des 19. Jahrhunderts erfolgten zwei große Umbaumaßnahmen 1836–40 sowie 1889–92. Zwischen 1913 und 1920 kamen nach Norden zwei lange Erweiterungsflügel durch Ludwig Hoffmann hinzu. Auch die südlichen Seitenflügel erhielten Anbauten.

Friedrich Wilhelm III. übergab das Gebäude 1809 der neugegründeten Universität, die seinen Namen erhielt und 1810 mit 256 Studenten ihre Arbeit aufnahm. Erster Rektor wurde der Philosoph und Patriot Johann Gottlieb Fichte. Aber auch weitere berühmte Namen sind mit der Universität verbunden, darunter Hegel, Schleiermacher, Feuerbach, Jacob und Wilhelm Grimm, Wilhelm und Alexander von Humboldt, Virchow, Koch, Sauerbruch, Planck, Einstein usw. usw.

Im Zweiten Weltkrieg wurde das Gebäude schwer beschädigt, konnte aber 1947–54 und 1958–62 rekonstruiert werden. Das Innere wurde modern gestaltet, die Raumfolge im Mittelflügel wurde vollständig verändert. Die marxistische Ausrichtung der Universität nach dem Zweiten Weltkrieg führte 1948 zur Gründung der Freien Universität im Westteil der Stadt. Die ideologische Ausrichtung endete natürlich mit der Wende. Die Humboldt-Universität ist heute wieder eine allseits geachtete Institution.

Königliche Bibliothek

Die Königliche Bibliothek (nach dem Bau der ehemaligen Preußischen und heutigen Deutschen Staatsbibliothek auch Alte Bibliothek genannt), in der sich heute Institutsgebäude der Humboldt-Universität befinden, war ursprünglich zur Aufnahme der kurfürstlichen und königlichen Büchersammlungen bestimmt, für die die Räumlichkeiten des Stadtschlosses nicht mehr ausreichten. In Anlehnung an einen Entwurf des Baumeisters Joseph Emanuel Fischer von Erlach für den Michaelertrakt der Hofburg zu Wien ließ Friedrich II. 1775–80 nach Plänen von Georg Christian Unger das imposante viergeschossige Bauwerk von Georg Friedrich Bou-

Königliche Universität Unter den Linden um 1910. Ansicht des von dreigeschossigen Flügeln umfassten Ehrenhofs. Der Mittelflügel des streng gegliederten Baus ist durch einen sechssäuligen Portikus mit korinthischer Ordnung unterteilt. Zur Straße hin stehen die Marmordenkmäler der Brüder von Humboldt; links sitzt Wilhelm von Humboldt (1767–1835), der Mitbegründer der Universität, auf hohem Sockel in einem antikisierenden Thron. In der rechten Hand hält der Gelehrte als Attribut ein Buch. Die Sockelreliefs verkörpern Archäologie, Rechtswissenschaft und Philosophie. Das Denkmal wurde in staatlichem Auftrag von Martin Paul Otto geschaffen. Rechts erscheint auf ähnlichem Sockel Alexander von Humboldt (1769–1859), als Naturforscher und Entdecker (Humboldt-Strom) hat ihm der Bildhauer Reinhold Begas als Attribute eine exotische Pflanze und einen Globus zugewiesen. Die Sockelreliefs zeigen Allegorien der Naturwissenschaften. Beide Denkmäler wurden 1883 enthüllt. In der Mitte zwischen den beiden Schilderhäuschen ist das Standbild des Physikers und Physiologen Hermann Helmholtz (1821–1894) zu erahnen, von Ernst Herter 1899 errichtet.

Königliche Bibliothek um 1910. Die geschwungene Fassade wird über dem zweigeschossigen Sockel durch korinthische Kolossalpilaster verbunden und wirkungsvoll gegliedert durch die freistehenden korinthischen Säulen des Mittelrisaliten und der seitlichen Risalite. Das Denkmal in den Anlagen stellt die Kaiserin Augusta dar.

mann d. J. ausführen. Der Figurenschmuck auf der Balustrade und die plastischen Aufsätze stammen von Wilhelm Christian Meyer d. Ä.

Die Berliner nannten die Bibliothek respektlos „Kommode", da sie an das Erscheinungsbild eines barocken Möbelstücks erinnert.

Das 1945 ausgebrannte Gebäude wurde 1965–69 originalgetreu wiederaufgebaut, die Innenräume wurden in moderner Form ausgeführt. In Erinnerung an den Aufenthalt Lenins 1895 erhielt der Lesesaal ein entsprechendes farbiges Glasfenster von Frank Glaser.

Königliche Bibliothek und Palais Kaiser Wilhelms I., Unter den Linden 9, um 1905. Die dreizehnachsige Längsseite des dreigeschossigen Putzbaus zeigt eine streng klassizistische Fassade, deren Mitte von einem säulengetragenen Balkon über der Auffahrtsrampe betont wird. Das Mezzaningeschoss besitzt allegorischen Statuenschmuck und Wappenschilde, die nach Modellen von Ludwig Wichmann in Terrakotta ausgeführt wurden.

Palais Kaiser Wilhelms I.

Das Palais Kaiser Wilhelms I., auch als Altes Palais bezeichnet, diente im 17. Jahrhundert als Wohnhaus, nach wiederholter Umgestaltung als Palais der Markgrafen von Schwedt. Prinz Wilhelm, der spätere Kaiser Wilhelm I., erwarb das Haus 1829 und ließ es durch Karl Friedrich Schinkel ausgestalten. Ein Neubau erfolgte 1834–37 durch Carl Ferdinand Langhans.

Hier lebte und arbeitete der Kaiser, hier beobachtete er aus dem berühmten Eckzimmer

Unter den Linden um 1900 mit dem Palais Kaiser Wilhelms I. und Denkmal Friedrichs des Großen.

den Aufzug der Wache, und hier starb er auch am 9. März 1888. Seine Gemahlin, Kaiserin Augusta, verstarb ebenfalls in diesem Palais, am 7. Januar 1890.

Das Gebäude brannte 1943 aus. Dabei wurden auch die historischen Wohn- und Festräume vernichtet. Der Wiederaufbau erfolgte bis 1963. Die Innenräume wurden nicht rekonstruiert, sondern modern ausgebaut.

Eine Gedenktafel an der Schmalseite erinnert an die nationalsozialistische Bücherverbrennung vom 10. Mai 1933 auf dem anschließenden Opernplatz, während der etwa 25 000 Bücher und Schriften „volkszersetzenden Inhalts" von Joseph Goebbels den Flammen übergeben wurden, darunter Werke von Heinrich Heine, Erich Kästner, Karl Kautsky, Alfred Kerr, Egon Erwin Kisch, Heinrich Mann, Tho-

Unter den Linden um 1900: Kaiser Wilhelm II. an der Spitze der Fahnen-Compagnie.

mas Mann, Karl Marx, Carl von Ossietzky, Kurt Tucholsky, Stefan Zweig u. a.

Preußische Staatsbibliothek

Die ehemalige Preußische Staatsbibliothek, Unter den Linden 8, erhebt sich an der Stelle des Ende des 17. Jahrhunderts errichteten und nach einem Brand im 18. Jahrhundert umgebauten Marstalls, der zum Sitz der 1696 bzw. 1701 gegründeten Akademien der Künste und der Wissenschaften wurde.

Ernst von Ihne lieferte die Pläne für das 1914 vollendete riesige Bauwerk, das sechs Innenhöfe einschließt und das mit seinen historisierenden, barocken Formen das Bedürfnis der wilhelminischen Zeit nach äußerlicher Repräsentation dokumentiert. Es misst in der Länge

Unter den Linden um 1900. Links ragt das Kaiser-Wilhelm-Palais ins Bild, in der Mitte steht das Reiterstandbild Friedrichs des Großen, und rechts erscheint das zweigeschossige Gebäude der Akademie, das der Staatsbibliothek weichen musste. Ganz rechts kommt noch der linke Seitenflügel der Universität ins Bild.

Berlin   Unter den Linden — Palais Kaiser Wilhelm I. und Bibliothek

Unter den Linden, um 1920. Etwa vom gleichen Standpunkt aus wie in der vorangehenden Abbildung sind links das Kaiser-Wilhelm-Palais, in der Mitte das Standbild Friedrichs des Großen und rechts die neue Preußische Staatsbibliothek zu sehen.

170 und in der Breite 106 Meter. Die Fassade wird bestimmt durch den großen Mittelrisaliten mit Dreiecksgiebel und Kuppel. Berühmt war der oktogonale Kuppellesesaal, der 38 Meter hoch war und eine Kuppelweite von 37,6 Meter besaß. Er wurde im Krieg zerstört und nicht wiederaufgebaut.

Denkmal Friedrichs des Großen

Nach längerer Planungsgeschichte, an der unter anderen auch Gottfried Schadow beteiligt war, erhielt 1836 dessen Freund und Schüler Christian Daniel Rauch den Auftrag, für die Linden ein Reiterstandbild Friedrichs II. zu schaffen. Schadow sah sich zu dem Kommentar veranlasst: „Mein Ruhm ist in Rauch uffjegangen." Rauch lieferte Plan und Modell, der Guss des Bronzedenkmals erfolgte in der Königlichen Eisengießerei. Die Grundsteinlegung erfolgte 1840, die feierliche Einweihung 1851. Das Denkmal ist Rauchs wichtigste und bekannteste Schöpfung. Es wurde zum Vorbild nahezu ungezählter Fürstendenkmäler bis ins 20. Jahrhundert hinein.

Auf einem polierten Granitsockel erhebt sich ein dreistufiges Postament. Widmungen und Namen zieren die unterste Stufe. Die breite Mitte zeigt vollplastisch und als Relief annähernd lebensgroße Darstellungen bedeutender Personen aus der Zeit Friedrichs des Großen,

Denkmal Friedrichs des Großen vor dem Palais Kaiser Wilhelms I. um 1910.

vor allem Offiziere und Generäle, so erscheinen an den östlichen Sockelecken die Reiterfiguren des Prinzen Heinrich und des Herzogs Ferdinand von Braunschweig, auf den westlichen Ek-

159

ken die Figuren von Zieten und Seydlitz, außerdem werden auch Staatsmänner, Künstler, Philosophen, Dichter und Gelehrte abgebildet. Auf der letzten Stufe sind als Reliefs Szenen aus dem Leben des Königs zu sehen. Als Sitzfiguren finden sich an den Ecken die vier Kardinaltugenden. Auf der Spitze des insgesamt 13,5 Meter hohen Denkmals steht das 5,66 Meter hohe Reiterstandbild Friedrichs des Großen, der in Uniform und mit Krönungsmantel gleichsam in seine Residenz einreitet.

Nach dem Zweiten Weltkrieg gelangte das Standbild nach Potsdam und wurde 1962 in der Nähe des Schlosses Charlottenhof im Hippodrom aufgestellt, steht aber inzwischen wieder an seinem angestammten Platz zwischen Opernplatz und Universität.

Friedrichstraße

Mit einer Ausdehnung von 3,3 Kilometern war und ist die Friedrichstraße die längste Straße im Zentrum Berlins. Unter Friedrich Wilhelm I. war sie die kürzeste Verbindung zum Exerzierplatz auf dem Tempelhofer Feld. Bis in die Zeit Wilhelms II. zogen die Truppen nach ihren Manövern durch die Friedrichstraße zum Schloss. Durch diese Straße fuhr 1896 die erste elektrische Straßenbahn. Hier stand die berühmte Kaisergalerie, hier baute man die doppelt so große

Friedrichstraßenpassage. Die querverlaufende Behrenstraße wurde zur Straße des Geldes, hier standen beispielsweise die großen Bankpaläste der Deutschen oder der Dresdner Bank.

Für die neuen Zentren der Stadt, die einen besonders starken Publikumsverkehr aufwiesen, hatten die Berliner sehr bald höchst respektlose Namen zur Hand: die Linden wurden zur „Laufstraße", die Leipziger Straße hieß „Kaufstraße" und die Friedrichstraße „Saufstraße". Diese Namen kamen nicht von ungefähr, zeitweise gab es in der Friedrichstraße mehr Lokale als Hausnummern. Dabei wird fraglich bleiben, ob tatsächlich jemand sich der Mühe unterzogen hat, die, wie man wohl sagen darf, zahllosen Kneipen, Bars, Bierhäuser, Kaffeestuben, Lokale, Restaurants, Cafés usw. genau zu zählen. Für jeden mehr oder weniger zahlungskräftigen Besucher und jeden mehr oder weniger verwöhnten Geschmack ließ sich die richtige Örtlichkeit finden. Nicht zuletzt konzentrierte sich in der Friedrichstraße das Nachtleben Berlins.

Der Kunst-Schriftsteller Julius Meier-Graefe (1867–1935) schrieb in seinen 1933 erschienenen „Geschichten neben der Kunst": „In der Nähe des Bahnhofs begann zur nächtlichen Stunde die Teufelsmagie. Auf dem Trottoir zog der Strom von Frauenwaden, dicken und dünnen, und Männerbeinen, langen und kurzen,

Café Bauer   Unter den Linden,   Kranzler   Berlin
                    Ecke Friedrich-Strasse

Die berühmte Kreuzung Unter den Linden/Friedrichstraße nach Süden um 1905. Die Abbildung zeigt mit dem vielbesungenen Café Bauer (Unter den Linden 26) nicht nur eines der berühmtesten, auch international bekanntesten Lokale Berlins, sondern auch die nicht minder berühmte Konditorei Kranzler (Unter den Linden 25). Die Aufnahme ist zugleich ein kulturgeschichtliches Dokument, wenn man die Fußgänger genauer unter die Lupe nimmt, wenn man die Litfaßsäulen und den Uhrenturm beachtet und wenn man die Pferdebahnen, Pferdedroschken und Pferdefuhrwerke betrachtet. Mit dem Café Bauer, dem späteren Café Unter den Linden, kam 1867 der Typ des Wiener Kaffeehauses nach Berlin. Zur aufwendigen Ausstattung gehörten Bilder von Anton von Werner und seit 1883 auch die erste elektrische Beleuchtung in öffentlichen Gasträumen. Dem internationalen Publikum standen mehr als 700 Zeitungen und Zeitschriften aus aller Welt zur Lektüre zur Verfügung. Im 2. Weltkrieg wurde das Gebäude zerstört und wegen der Verbreiterung der Friedrichstraße auch nicht wiederaufgebaut.

Friedrichstraße (um 1910) südlich der Linden mit Blick zur Kaisergalerie bzw. zur Passage, die 1869–73 von Kyllmann & Heyden errichtet wurde. Die Reklametafeln, die fast die ganze Front einnehmen und die Architektur beeinträchtigen, versprechen zusätzlich Theater, Cabaret und Panopticum.

trippelnd, schlurfend, schiebend, stoßend, ständig auf und ab. Zeitungshändler, Blumenmädchen, Ambulanten mit Hoteladressen, Spielzeug- und Zigarettenverkäufer standen dem

Strom entlang und schrieen ihn an. Ein weißbemützter Koch trug einen dampfenden Messingtrog am Bauch und je ein Paar Würstchen um jedes Ohr und bot seine Ware an. Gruppen Betrunkener quollen aus den Lokalen, und ihre Wut, von dem Dunst, solange sie saßen, gezügelt, suchte an dem Strom Vergeltung für erlittene Schmach. Andere, soeben noch heiter, sahen plötzlich den Untergang vor sich und weinten... Auf dem Fahrdamm trotteten Droschken, jede von einer dürren Mähre gezogen... Man freute sich, den Bahnübergang zu erreichen. Ein Zug donnerte über die Brücke und zerriß das Gehör. Man hatte Lust, eine Anhöhe zu suchen und dort Schreie auszustoßen."

Der Maler und Graphiker George Grosz (1893–1959) fand in seinen Lebenserinnerungen noch drastischere Worte. „In der Friedrichstadt wimmelte es von Huren. Sie standen in den Hauseingängen wie Schildwachen und flüsterten ihr stereotypes: ‚Kleiner, kommste mit?' Es war die Zeit der großen Federhüte, der Federboas und des hochgeschnürten Busens. Die hin und her geschwenkte Tasche war das Abzeichen der Gilde. Das berühmteste Hurencafé war das Café National in der Friedrichstraße. Wir hatten Flaubert und Maupassant gelesen, und so umgaben wir dieses Nachtleben mit einer Art Poesie. Viele jüngere Dichter besangen die Hure unter der Laterne, den Zuhälter und allgemein die freie Liebe. Vielen wurde die Hure zu einer Idealgestalt. Auch das lag in der Zeit."

Der Zweite Weltkrieg zerstörte weitgehend die Friedrichstraße, Glanz und Ruhm der Stra-

Friedrichstraße, Passage/Kaisergalerie um 1895, glasgedeckte Passage mit zahlreichen Geschäften.

163

*Friedrichstraße, Passage/Kaiser-
galerie um 1895. Sie lag an der
Ecke Friedrichstraße/Behren-
straße (links) und führte bis Unter die Linden (Nr. 22). Hier
fand sich das Kaiser-Panorama,
in dem von morgens neun Uhr
bis abends zehn Uhr für 20 Pfen-
nig mit Hilfe von Stereoskopbil-
dern „Optische Reisen" durch
die Welt unternommen werden
konnten.*

*Die berühmte Kreuzung Unter
den Linden/Friedrichstraße nach
Norden um 1905. Rechts das
hochelegante Victoria-Café
(Unter den Linden 46). Hier gab
es um 1910 das bekannte Victo-
ria-Frühstück, das aus drei Spei-
sen und Getränk bestand, zu
1,25 Mark. Zum gleichen Preis
wurde das Victoria-Abendbrot
angeboten.*

unten: Postfuhramt um 1890. In der Nähe der Friedrichstraße steht in der Oranienburger Straße 35–36/Ecke Tucholskystraße das ehemalige Kaiserliche Postamt bzw. Postfuhramt, erbaut 1875–81 von Carl Schwatlo und Wilhelm Tuckermann. Beherrschend erscheint der eindrucksvolle Eckbau mit der triumphbogenartigen Eingangsnische, die überragt wird von einer achtseitigen Kuppel, die selbst von zwei kleineren Kuppeln flankiert wird. Die Fassaden des dreigeschossigen Baus bestehen aus roten und gelben Klinkern.
Der spätklassizistische Rundbogenstil der Fenster steht in der Schinkel-Nachfolge. Der reiche Terracotta-Schmuck der Konsolgesimse, der Fenster und Friese ist von hervorragender Qualität, was auch für die figürlichen und ornamentalen Reliefs der Portalnische gilt. In der Tucholskystraße rechts wird die Fassade abgeschlossen durch einen fünffachsigen Saalbau mit Attika und Figurengruppen.

oben: Imperator Diele, Sport-Eck, Friedrichstraße 67, um 1920.

Bahnhof Friedrichstraße um 1895. Die große Halle bestimmt das Bild. Dampfbetriebene Züge fahren in den Bahnhof ein bzw. verlassen ihn gerade. Pferdewagen bestimmen das Straßenbild. Auf dem Bürgersteig flanieren offenbar wohlsituierte Bürgerinnen und Bürger. – Rund um den Bahnhof konnte man bis zum letzten Krieg in Berlins besten Theatern großartige Aufführungen erleben: im Metropol-Theater (im Admiralspalast), in der Komischen Oper, im Theater am Schiffbauer Damm oder auch in Max Reinhardts Schauspielhaus. Hier fand sich auch das berühmte Varieté Wintergarten. Hier genossen die Berliner und die Besucher der Stadt vielfältigste Unterhaltung und Amüsements jeder Art.

Bahnhof Friedrichstraße um 1905. Er war der Hauptbahnhof der Stadtbahn. Eröffnet wurde der Zugverkehr 1882. Der Bahnhof entwickelte sich rasch zu einem Verkehrsknotenpunkt für Omnibusse, Straßenbahnen, S- und U-Bahnen und für den Fernverkehr. Geradezu beängstigende Ausmaße zeigt der Straßenverkehr in der engen Friedrichstraße. Zwischen 1914 und 1925 wurde der Bahnhof als Doppelhalle neu erbaut.

Bahnhof Friedrichstraße und Schlütersteg um 1910. Die Aufnahme des Bahnhofbereichs lässt nicht ahnen, dass wenige Jahrzehnte später die Halle zum „Tränenpalast" werden sollte, weil die Teilung Berlins hier besonders schmerzlich empfunden wurde, denn für Westbesucher befand sich hier der Übergang in den Ostteil der Stadt, hier fanden vielfach schikanierende Sicherheitskontrollen statt, hier galt es Abschied zu nehmen nach Ablauf der Tagesbesuche, die bis 24 Uhr beendet sein mussten.

ße versanken in Trümmerbergen, und die Teilung der Stadt beeinträchtigte zusätzlich die Zukunft dieses Stadtbereichs. Von 1961 bis 1989, also vom unseligen Mauerbau an bis zum Ende der DDR, war die Friedrichstraße an der Zimmerstraße von der Berliner Mauer unterbrochen. Hier befand sich der bekannte Ausländerübergang Checkpoint Charlie. Seit der Wende wurde bzw. wird hier ein Teil des neuen, modernen Stadtzentrums aus dem Boden gestampft. Vor allem Banken, Versicherungen, Verlage, Restaurants oder Hotels sind hier zu finden.

Brandenburger Tor, Ansicht aus der einstigen Friedensallee um 1910

Brandenburger Tor

Das Brandenburger Tor, das als Folge der unseligen Teilung Berlins und Deutschlands nach dem Zweiten Weltkrieg zum berühmtesten Denkmal der Stadt wurde, zu d e m Symbol der Teilung überhaupt, wurde 1788–91 nach dem Vorbild der Athener Propyläen von Karl Gotthard Langhans (1733–1808) errichtet. Es ist das einzige erhaltene Stadttor und bildet vom Tiergarten her den Zugang zum Stadtzentrum bzw. von der anderen Seite aus den westlichen Abschluss der Linden. Zwölf mächtige dorische Säulen, die durch Seitenwände verbunden sind, tragen Gebälk und Attika und bilden fünf Durchlässe, von denen der mittlere dem König und Kaiser vorbehalten war. Geradezu als Krönung des Bauwerks erscheint die 1794 geschaffene kupfergetriebene Quadriga mit der geflügelten Viktoria von Johann Gottfried Schadow. Der Torbau erreicht bis zur Spitze der Viktoria eine Höhe von 26 Metern, bei einer Breite von 62,5 Metern sowie einer Tiefe von 11 Metern. Die Quadriga selbst erreicht eine Höhe von fünf Metern. Als 1867–68 die alte Zoll- oder Stadtmauer niedergelegt wurde, wurden die seitlichen Flügelbauten durch Johann Heinrich Strack (1805–80) umgebaut. Zwischen Tor und Torhäuschen entstanden neue Durchgänge für Fußgänger. Die ursprünglich als Wach- und

Brandenburger Tor und Pariser Platz um 1910. Die Aufnahme zeigt einen Teil des mit Gartenanlagen geschmückten Platzes, der seinen Namen nach den Befreiungskriegen erhielt. Entstanden ist der Platz 1734 im Zusammenhang mit dem Ausbau der Friedrichstadt unter Friedrich Wilhelm I. als „Quarré". Am oft besungenen Pariser Platz befanden sich südlich die Akademie der Künste (Nr. 4), gleich anschließend das berühmte Hotel Adlon (Unter den Linden 1), das an gleicher Stelle wiedererstanden ist, nördlich das Palais der französischen Botschaft (Nr. 5) und das Haus des Malers Max Liebermann (Nr. 7). Bemerkenswert erscheint das offenbar geruhsam-friedliche Nebeneinander von Pferdefuhrwerk, Automobil und elektrischen Straßenbahnen

Zollstation dienenden Torhäuschen erhielten offene Säulenhallen. Im Zweiten Weltkrieg wurde das Tor schwer beschädigt, konnte aber bis 1958 wiederhergestellt werden. Auch das Gespann der Quadriga wurde bis auf geringe Reste vernichtet. Dank vorhandener Gipsmodelle konnte eine neue Quadriga in West-Berlin geschaffen und 1958 auf dem Brandenburger Tor aufgestellt werden.

Das Brandenburger Tor ist nicht im Sinne mittelalterlicher Stadttore zu werten, sondern als Ausdruck einer offenen und selbstbewussten Residenzstadt. Trotz der Viktoria, der Siegesgöttin, galt es nicht als Siegestor, denn die Hinwendung zur Antike, die hier für Berlin zum erstenmal Gestalt gewann, hat keinen Triumphbogen römischer Prägung entstehen lassen. Das Vorbild fand sich ja auch in Griechenland auf der Akropolis. Nicht zu vergessen ist, dass das Tor 1791 den Namen „Friedenstor" erhielt, was nicht zuletzt durch die schmückenden Bildhauerarbeiten dokumentiert wird. So erklärt beispielsweise ein stadtseitiges Relief die Viktoria zur Friedensbringerin. Als solche fährt sie gleichsam in die Stadt ein. Die zahlreichen Reliefs der Längs- und Innenseiten zeigen mythologische Themen.

Ansicht auf Reichstagsgebäude, Unter den Linden und Pariser Platz mit dem Hotel Adlon und dem Brandenburger Tor, Postkarte um 1930

oben: Blick vom Hotel Adlon auf den Pariser Platz zum Reichstagsgebäude um 1930.

links: Hotel Adlon, Louis XVI. Salon, um 1910.
Das Hotel Adlon am Pariser Platz, 1907 eingeweiht, war das legendäre Luxushotel.

Reichstagsgebäude nach Osten um 1916 – Vom ursprünglichen Standort der Siegessäule auf dem einstigen Königsplatz bot sich ein besonders eindrucksvoller Blick auf den Reichstag und über das Häusermeer der Stadt. Man sieht die durchgeformte Hauptfassade: Sockelgeschoss; zwei Hauptgeschosse, gegliedert durch Dreiviertelsäulen und durch Eckbauten betont; übergiebelter, sechssäuliger Portikus; darüber der mächtige Kuppelbau. Über dem Giebel steht eine kupfergetriebene Gruppe von Reinhold Begas, und zwar eine Germania, die in den Sattel gehoben wird. – In den Anlagen vor dem Reichstag steht das Bismarck-Denkmal.

Napoleon hat die Quadriga 1807 als Siegesbeute nach Paris bringen lassen. Nach seiner vollständigen Niederlage haben die siegreichen preußischen Truppen sie 1814 im Triumphzug nach Berlin zurückgeholt. Sie galt seitdem als Siegessymbol der Freiheitskriege und erhielt nach Schinkels Entwurf ein Eisernes Kreuz.

Das Brandenburger Tor hat in seiner Geschichte die unterschiedlichsten Ereignisse über sich ergehen lassen müssen, Paraden, Siegesfeiern, Aufmärsche. Soldaten sind in den Krieg hinauszogen und nach dem Ende der Befreiungskriege 1815, nach dem Krieg gegen Dänemark 1864, gegen Österreich 1866, gegen Frankreich 1871 siegreich zurückgekehrt. Hier fand 1933 der große Fackelzug der SA zur Feier der Machtergreifung der Nationalsozialisten statt, der Max Liebermann zu dem Kommentar veranlasste: „Ich kann gar nicht soviel fressen, wie ich kotzen möchte." Mit dem Mauerbau am

13. August 1961 wurde das Tor geschlossen und bildete die Grenze zwischen Ost und West. Am 22. Dezember 1989 konnte nach dem Fall der Berliner Mauer das Brandenburger Tor wiedereröffnet und am 2./3. Oktober 1990 die deutsche Wiedervereinigung gefeiert werden.

Reichstagsgebäude

Außerhalb des alten Stadtzentrums, das bis zum Brandenburger Tor reichte, entstand mit einem Kostenaufwand von damals horrenden fast 25 Millionen Mark zwischen 1884 und 1894 auf dem ehemaligen Königsplatz das Reichstagsgebäude, zu dem Paul Wallot die Pläne lieferte. Der rechteckige Bau mit dem zentralen Plenarsaal und zwei Innenhöfen lehnt sich an Formen der Renaissance an. Das machtvolle Bauwerk misst rund 137 mal 97 Meter. Über dem Sockelgeschoss folgen zwei Hauptgeschosse. Ein säulen-

Reichstagsgebäude, Plenarsaal um 1915. Der Plenar- oder Sitzungssaal unter der Glaskuppel war 29 Meter lang, 21,5 Meter breit und 13,5 Meter hoch. Mit heller Eichenholztäfelung waren die Wände verkleidet. Auf drei Seiten gab es Tribünen, auf der vierten, der Ostwand, befanden sich der Präsidentensitz, die Plätze der Schriftführer und davor das Rednerpult. Seitlich davon gab es die Sitze der Minister und des Reichsrats.

getragener Portikus mit Dreiecksgiebel bildet den Haupteingang. Darüber erhob sich die glasgedeckte, mit vergoldeten Kupfergürtungen, mit Laterne und Kaiserkrone versehene Kuppel bis zu einer Höhe von 75 Metern. Die Dachzone einschließlich der 46 Meter hohen Ecktürme war mit reichem Figurenschmuck versehen, an dem unter anderen Reinhold Begas mitgewirkt hat.

Das Reichstagsgebäude hat seit seiner Entstehung in besonderem Maß die deutsche Geschichte repräsentiert, hat Höhen und Tiefen, Triumphe und Niederlagen erlebt. Bezeichnenderweise haben die Volksvertreter nach der Reichsgründung von 1871 mehr als zwanzig Jahre auf ein eigenes Haus warten müssen. Und noch bezeichnender erscheint die Tatsache, dass

die Inschrift „DEM DEUTSCHEN VOLKE" erst 1916 während des Ersten Weltkriegs angebracht wurde. Als besonders symbolträchtig könnte man auch die Tatsache ansehen, dass der Reichstag dem Regierungsviertel und dem Schloss buchstäblich den Rücken zukehrte. Wilhelm II. geruhte zwar, die Schlusssteinlegung vorzunehmen, ansonsten empfand er den Reichstag jedoch als „Gipfel der Geschmacklosigkeit"; dem Grafen Eulenburg gegenüber sprach Seine Majestät gelegentlich sogar von einem „Reichsaffenhaus".

Von einem Fenster des Hauptportals rief am 9. November 1918 Philipp Scheidemann nach der Abdankung des Kaisers die Republik aus, nur einige Stunden bevor Karl Liebknecht vom

Reichstagsgebäude von Nordwesten um 1925. Auf den Ecktürmen stehen allegorische Kolossalfiguren. Ganz links auf dem Nordostturm erheben sich „Erziehung" und „Unterricht" von Friedrich Schierholz, außerdem „Kunst" und „Literatur" von Christian Behrens. – Auf dem Nordwestturm vorne finden sich „Klein- und Hausindustrie" und „Elektrizität" von Syrius Eberle, außerdem „Handel und Schifffahrt" und „Großindustrie" von Gustav Eberlein. Der Südwestturm trägt „Weinbau" und „Bierbrauerei" von Robert Diez, außerdem „Ackerbau" und „Viehzucht" von Otto Lesing. Der nicht sichtbare Südostturm ist geschmückt mit „Rechtspflege" und „Staatskunst" von Hermann Volz, außerdem mit „Wehrkraft zu Lande" und „Wehrkraft zur See" von Rudolf Maison.

Eosanderportal des Schlosses zur Gründung einer sozialistischen Republik aufrief. (Das Portal wurde in Erinnerung an diese Tat nach Sprengung des Schlosses in das ehemalige Staatsratsgebäude eingebaut.) Von 1919 bis 1933, während der vierzehn Jahre der Weimarer Republik, war der Reichstag Schauplatz unterschiedlichster Debatten, war er leider auch Schauplatz des Versagens der demokratischen Parteien jener Zeit, die den Aufstieg Hitlers nicht verhindert haben.

Bis zu dem von den Nationalsozialisten (Hermann Göring) verursachten Brand am 28. Februar 1933 tagte in diesem Gebäude der Deutsche Reichstag. Damals wurde vor allem, geradezu symbolträchtig, der Plenarsaal zerstört, in dem die demokratisch gewählten Vertreter des Volkes zusammenkamen. Die Demokratie ging buchstäblich in Flammen auf. Die NS-Diktatur endete in der Katastrophe für den zerschossenen Reichstag, das zerbombte Berlin, das zerstörte Deutschland, und das nicht nur in materieller, sondern auch in immaterieller Hinsicht.

Während der Berlin-Blockade erlebte die Ruine des Reichstags am 9. September 1948 die wohl bedeutendste politische Demonstration der Stadt, als der Oberbürgermeister und spätere Regierende Bürgermeister Ernst Reuter vor einigen hunderttausend Berlinern an die freie Welt appellierte: „Ihr Völker der Welt...! Schaut auf diese Stadt und erkennt, dass ihr diese Stadt und dieses Volk nicht preisgeben dürft und nicht preisgeben könnt!...Und Volk von Berlin, sei dessen gewiß, diesen Kampf, den wollen, diesen Kampf, den werden wir gewinnen!"

Ernst Reuter sollte Recht behalten. Die Berlin-Blockade der Sowjets wurde wieder aufgehoben, die Teilung der Stadt allerdings später durch den Mauerbau am 13. August 1961 noch vertieft. Erst 1989 sollte die Mauer fallen, doch konnte schon ein Jahr später die Einheit Deutschlands wiederhergestellt werden.

Nach dem Krieg waren am ausgebrannten Reichstag nur erhaltende Baumaßnahmen durchgeführt worden, später folgte ein reduzierter Wiederaufbau ohne die bestimmende Kuppel, um das Gebäude für Sitzungen der Fraktionen und Ausschüsse oder für andere Institutionen und Verbände sowie für Ausstellungen nutzbar zu machen. Nach der Wiedervereinigung und nach der Entscheidung, Berlin wieder zur deutschen Hauptstadt zu machen, wurde das Reichstagsgebäude zum Sitz des Bundestags bestimmt. Es erfolgte ein weitreichender Umbau vor allem im Inneren, um den Anforderungen des Parlaments gerecht werden zu können. Ob die in modernen Formen von Norman Foster erstellte Kuppel dem alten Gebäude gerecht wird, darüber lässt sich trefflich streiten. Die Berliner hatten jedenfalls sehr schnell einen Spitznamen parat: „Eierwärmer".

Bismarck-Denkmal vor dem Reichstagsgebäude um 1900. Sieben Stufen führen zum 15 Meter hohen Natio-
naldenkmal für den Fürsten Bismarck hinauf, einem Werk von Reinhold Begas, das 1901 enthüllt wurde.
Auf rotem Granitsockel steht die 6,6 Meter hohe Bronzefigur. Die rechte Hand stützt sich auf eine Urkunde
der Reichsgründung. Auf dem breit gelagerten Unterbau ruhen vier Bronzegruppen. Vorne erkennt man
Atlas mit der Weltkugel. Links sitzt auf einem Sphinx die Staatsweisheit in Gestalt einer lesenden Frau.
Rechts bezwingt eine kriegerische Frauenfigur, eine Allegorie der Staatsgewalt, einen Panther, eine Verkör-
perung des Aufruhrs. Nicht sichtbar ist in der Abbildung die hintere Gruppe, die Siegfried als Schmied des
Reichsschwertes darstellt. Das Nationaldenkmal wurde 1938 an den Nordrand des Großen Sterns versetzt.

Luftaufnahme mit dem Reichstag, der Siegessäule, der Spree, Unter den Linden und dem Pariser Platz um 1930

Siegessäule

Heinrich Strack (1805–1880) lieferte die Pläne der 1869–73 erbauten Siegessäule, die als Denkmal für die siegreichen Feldzüge 1864 gegen Dänemark, 1866 gegen Österreich und 1870/71 gegen Frankreich gedacht war. Die mit großem militärischem Zeremoniell begangene Einweihung erfolgte am Sedanstag, also am 2. September 1873. Einschließlich der Viktoria auf der Spitze erreichte das Bauwerk eine Höhe von 61,5 Metern. Der quadratische Unterbau aus Granit erhielt vier Bronzereliefs mit Darstellungen zu den genannten Kriegen. In der offenen Sockelhalle befand sich ein Mosaik nach Anton von Werner, das den Sieg von 1870 und die Errichtung des deutschen Kaisertums feierte. Drei Reihen erbeuteter Geschützrohre umschlossen den fünf Meter starken Sandsteinschaft. Auf dem Adlerkapitell stand die 8,3 Meter große Viktoria von Friedrich Drake, von den Berlinern „Goldelse" getauft.

Königsplatz und Siegessäule um 1890. Das Gelände, das zwischen 1864 und 1926 Königsplatz hieß, war seit Friedrich Wilhelm I. als Exerzierplatz genutzt worden. Die Abbildung zeigt die großzügigen Anlagen des Platzes, in dessen Mitte sich die Siegessäule erhebt.

Bismarckdenkmal und Siegessäule auf dem Königsplatz um 1915. Die Aufnahme zeigt, dass Bismarck dem Reichstagsgebäude, das er auch nie betreten hat, schon fast symbolträchtig den Rücken zuwendet, um lieber die Siegessäule zu betrachten. Am Sockel ist diesmal der schwertschmiedende Siegfried zu sehen. Die eindrucksvolle Größe des Denkmals lässt sich aus dem Größenvergleich mit den Spaziergängern erschließen. – Im Hintergrund erscheint das Krollsche Opernhaus (auch Neues Opern-Theater), dessen Bau 1844 Friedrich Wilhelm IV. als „Krolls Etablissement" veranlasst hatte, das 1898 als Opernhaus eingerichtet und nach seinem Umbau 1923 zur Staatsoper am Platz der Republik ernannt wurde. Nach dem Reichstagsbrand 1933 tagte in der Krolloper der Reichstag. Nach Kriegszerstörungen wurden die Ruinen 1951 ganz abgetragen.

181

Zur Plattform in 46 Meter Höhe führten 247 Stufen. Die Aussicht lohnte sich: Nach Norden sah man u. a. das Verkehrsmuseum, den Lehrter Bahnhof, das Innenministerium, das Kriminalgericht in Moabit, das Verkehrsmuseum, die Gnadenkirche, das AEG-Gebäude, das Lessing-Theater, die Charité. Nach Osten ging der Blick zur Domkuppel, zur Marien- und Georgenkirche, zum Kaiser-Friedrich-Museum (Bode-Museum), zur Synagoge, zum Schloss, zum Stadthaus, zur Hedwigskirche, zum Gendarmenmarkt, zum Brandenburger Tor. Nach Süden und Westen folgten der Tiergarten, der Anhalter Bahnhof, das Denkmal auf dem Kreuzberg, die Siegesallee, das Schöneberger Rathaus, die Kaiser-Wilhelm-Gedächtniskirche, das Rathaus Charlottenburg.

Die Nationalsozialisten versetzten die Säule 1938 auf den Großen Stern und erhöhten die Säule um ein viertes Geschoss. Die Säule wuchs auf knapp 70 Meter. Die Plattform in nunmehr 48 Meter Höhe erreicht man nach 285 Stufen. Die Strapaze wird mit einem weiten Blick über Berlin belohnt.

Siegesallee

Südlich des Königsplatzes und späteren Platzes der Republik verlief die Siegesallee durch den östlichen Tiergarten. Kaiser Wilhelm II. hat

links: Moltke-Denkmal
um 1905. Vor dem Neuen Opernhaus
(Kroll) stand am westlichen Ende des
Königsplatzes das Denkmal des Gene-
ralfeldmarschalls Helmuth von Moltke
(1800–91), des Siegers von 1870/71.
Das größte Marmor-Denkmal Berlins,
1904 geschaffen von Joseph Uphues
(1850–1911), besteht aus einem sechs
Meter hohen Sockel und dem fünfein-
halb Meter großen Standbild. Das
Wappen auf dem Sockel unter dem
Namenszug trägt die Inschrift: „Erst
wägen / dann wagen." Neben Bismarck steht Moltke seit 1938 auf dem
Großen Stern.

rechts: Siegessäule um 1910
am ursprünglichen Standort auf dem
Königsplatz und in der ursprünglichen Höhe mit drei Säulentrom-
meln.

Siegesallee mit Blick zur Siegessäule um 1910. Die Siegessäule steht noch auf dem Königsplatz, dem späteren Platz der Republik. Nicht einmal die Berliner selbst nahmen die Allee mit ihrer regelmäßigen Aufstellung der von 27 Bildhauern

geschaffenen 32 Standbildern sonderlich ernst und verspotteten sie als „Puppenallee". 1938 wurden die Denkmäler in die Große Sternallee umgesetzt und nach dem Krieg abgebaut.

Denkmal des Markgrafen Albrecht der Bär (gest. 1170) in der „Ahnen-Galerie" der Siegesallee, Postkarte um 1895

Siegesallee, Ostseite, um 1915

1898–1901 in Carrara-Marmor 32 Standbilder brandenburgisch-preußischer Herrscher aufstellen lassen. Die Denkmäler waren von halbrunden Sitzbänken umgeben und von jeweils zwei Büsten von Zeitgenossen flankiert.

Rolandbrunnen und Kemperplatz

Wilhelm II. hatte an seinem 36. Geburtstag, also am 27. Januar 1895, verkündet, seiner Residenz „einen bleibenden Ehrenschmuck" verschaffen zu wollen. Eine Expertenkommission von Historikern wählte daraufhin die Fürsten, die Könige und Kaiser für die geplanten 32 Denkmäler aus. Sie wurden paarweise in der Siegesallee aufgestellt, vielfach gelobt und noch vielfacher geschmäht. So stand im Simplicissimus über die von den Berlinern respektlos als „Puppenallee" abqualifizierte Siegesallee zu lesen: „Nee, wie schön hier alles ist! Sogar die Vogelscheuchen sind von Marmor."

Während des Dritten Reichs mussten die hohen Herrschaften wegen der Planung der gewaltigen West-Ost-Achse für die Welthauptstadt Germania ihre Plätze räumen und zum Großen Stern umziehen. Im Krieg wurden die Denkmäler vielfach beschädigt, schließlich abgebrochen, 1954 im Park des Schlosses Bellevue eingegraben, 1978 wieder ausgegraben und 1981 zum größten Teil in der früheren Abwas-

serpumpstation am Halleschen Ufer unterge-
stellt. In diesem Lapidarium sind inzwischen
viele Denkmäler gelandet, die auf bessere Zeiten hoffen.

Tiergarten

Der Tiergarten war einst der größte Berliner
Park, der sich mit einer Länge von 3,5 Kilometern und einer Breite von rund einem Kilometer
vom Brandenburger Tor bis nach Charlottenburg
erstreckte. Zusammen mit dem Bellevue-Park
umfasste er 230 Hektar. Das ehemals kurfürstliche Wildgehege wurde unter König Friedrich I.
in einen Park umgewandelt. Der König ließ 1698
auch die Verbindungsstraße nach Charlottenburg anlegen, zum Landsitz seiner Gemahlin.
Georg Wenzeslaus von Knobelsdorff sorgte im
Auftrag Friedrichs des Großen für Anlagen nach
französischem Vorbild. Unter Friedrich Wilhelm
II. entstanden Rousseau-Insel und Schloss Bellevue; unter Friedrich Wilhelm III. nahm Garten-
architekt Peter Joseph Lenné (1789–1866) mit

Rolandbrunnen am Kemperplatz um 1910. Der elf Meter hohe Brunnen aus rotem Granit von Otto Lessing wurde 1902 errichtet. Fünf Stufen führen zum achtseitigen Brunnenbecken hinauf, dessen Außenwand einer turmbewehrten Stadt-mauer gleicht, die mit Wappen und Reliefs versehen ist. In der Mitte erhebt sich der zweigeteilte Sockelpfeiler. Im unteren Teil stehen auf den vier Seiten runde, Taufbecken ähnliche Brunnenbecken. Darüber sieht man auf den übergiebelten Seiten Vertreter der Stände und die Verkörperungen der Schwesterstädte Berlin und Kölln. Die Spitze krönt der 3,75 Me-ter hohe Roland aus der Gefolgschaft Karls des Großen, in der einen Hand das Schwert, in der anderen das Horn Olifant.

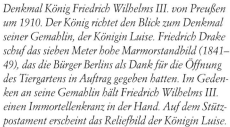

Denkmal König Friedrich Wilhelms III. von Preußen um 1910. Der König richtet den Blick zum Denkmal seiner Gemahlin, der Königin Luise. Friedrich Drake schuf das sieben Meter hohe Marmorstandbild (1841–49), das die Bürger Berlins als Dank für die Öffnung des Tiergartens in Auftrag gegeben hatten. Im Gedenken an seine Gemahlin hält Friedrich Wilhelms III. einen Immortellenkranz in der Hand. Auf dem Stützpostament erscheint das Reliefbild der Königin Luise.

Denkmal der Königin Luise um 1910. Es wurde auf der 1810 geschaffenen Luiseninsel im südlichen Tiergarten aufgestellt. Das Marmorbild lieferte 1880 Erdmann Encke (1843–1896). Die Königin erscheint hochgegürtet in einem langen Kleid. Das Sockelrelief weist auf den Einsatz der Frauen in den Kriegen gegen Napoleon hin: Auszug in den Kampf, Rückkehr der Soldaten und Wiedersehensfreude.

der Anlegung von Seen und Wasserläufen weitere Verschönerungen im Sinne eines englischen Landschaftsparks vor. Friedrich Wilhelm IV. stellte einer Aktiengesellschaft unter Führung des Afrikareisenden Heinrich Lichtenstein einen Teil des Tiergartens zur Gründung des ersten Zoologischen Gartens in Deutschland zur Verfügung (Einrichtung 1841–44). Die Pläne lieferte Lenné. Erst unter Wilhelm II. verlor die Anlage den Charakter eines Naturparks durch das Schlagen des Unterholzes, die Vermehrung von Rasenflächen, die Anlage breiterer Wege und vor allem durch die Aufstellung zahlreicher Bildwerke und Denkmäler, zu denen auch die bereits behandelte Siegesallee zählte.

Im Zweiten Weltkrieg erlitt der Tiergarten schwere Schäden an seinem Baumbestand. In der Nachkriegszeit wurden die restlichen Bäume weitgehend abgeholzt und verheizt, so dass der einstige stolze Park zu einem Kleingartengelände wurde. Ab 1949 begann die Neubepflanzung, zu der viele deutsche Städte durch die Stiftung junger Bäume beitrugen.

Quer durch den Tiergarten verläuft die knapp drei Kilometer lange einstige Charlottenburger Chaussee, die um 1937 als Ost-West-Achse von 27 auf 53 Meter verbreitert wurde. Zu Ehren der Opfer des Aufstandes vom 17. Juni 1953 gegen das SED-Regime erhielt die Chaussee den Namen „Straße des 17. Juni".

Denkmal König Friedrich Wilhelms III. Der Figurenfries des Rundsockels zeigt die Segnungen des Friedens, nicht zuletzt die Freuden des Tiergartens, und spielt damit auf den friedfertigen Charakter des Königs an.

Wilhelmstraße

Die berühmte Straße war das Regierungsviertel der Reichshauptstadt. Hier und in den Seitenstraßen standen zahlreiche Ministerien, Kanzleien, Botschaften und Behörden. Ursprünglich

Reichskanzlei in der Wilhelmstraße, Holzschnitt um 1878. Das Reichskanzlerpalais wurde 1736–39 für den Grafen von der Schulenburg erbaut, hieß ab 1791 Palais Radziwill und wurde 1875–76 zum Amts- und Wohnsitz des Reichskanzlers aus- und umgebaut. Bis März 1890 wohnte auch Bismarck in diesem Palais. Im Mittelsaal tagte vom 13. Juni bis zum 13. Juli 1878 der Berliner Kongress, der unter Führung Bismarcks über bedrohliche Entwicklungen auf dem Balkan beriet und sich um eine Friedensordnung für Europa bemühte. Das Gebäude wurde im Zweiten Weltkrieg zerstört.

bildete die Wilhelmstraße den westlichen Abschluss der Friedrichstadt. Friedrich Wilhelm I. hat sie als Palaststraße ausbauen lassen, die im 19. Jahrhundert zunehmend in die Hände der Diplomaten gelangte. Man unterschied zwischen der westlichen „Reichsseite" mit den Reichseinrichtungen und der östlichen „Preußenseite" mit den preußischen Ministerien. Nach dem Ende des Kaiserreichs übernahm die Weimarer Republik unverändert die vorhandenen Gebäude. In der Zeit des Dritten Reichs änderte sich der Charakter des Regierungsviertels mit den gewaltigen Bauten der Neuen Reichskanzlei Hitlers in der Voßstraße (430 Meter lang!) und des Reichsluftfahrtministeriums (250 Meter lang) an der südlichen Wilhelmstraße. Dieses hat als einziger Bau des Regierungsviertels das Inferno des Zweiten Weltkriegs überstanden.

Nach dem Krieg richteten sich Ministerien und Behörden des DDR-Regimes auf der östlichen Seite der Wilhelmstraße ein. Seit der Wende gibt es vielfältige Pläne, das ehemalige Regierungs- und Diplomatenviertel neu zu beleben. Südlich der Voßstraße ist inzwischen im einstigen von Ernst Sagebiel für Hermann Göring erbauten Reichsluftfahrtministerium das Bundesfinanzministerium eingezogen, das offenbar die 60 000 Quadratmeter Nutzfläche und die 2 000 Räume zur Verwaltung der Bundesfinanzen nötig hat.

Wilhelmsplatz nach Osten um 1895. Die Abbildung zeigt die Platzanlage, die um 1840 von Lenné gestaltet wurde, ferner in der Mitte den Zietenplatz, dahinter die Mohrenstraße und rechts das Hotel Kaiserhof, hinter dem der Turm der Dreifaltigkeitskirche aufragt, an der von 1809 bis 1834 Schleiermacher tätig war. Die Hauptfront des Kaiserhofs war zur Mohrenstraße gerichtet. Er verfügte über 230 Zimmer, von denen mehr als die Hälfte mit einem Bad eingerichtet war. Das vornehme Haus war mit allem Luxus ausgestattet, die Zimmer kosteten vor dem 1. Weltkrieg zwischen 6 und 15 Mark, das Frühstück 1,75 M, das Diner 6 M und ein Souper 5 M. Sechs Standbilder mit Generälen Friedrichs des Großen zierten den Platz: Schwerin, 1757 bei Prag gefallen, von August Kiß; Fürst Leopold von Anhalt-Dessau, der „alte Dessauer", Sieger von Kesselsdorf, von Gottfried Schadow; Winterfeldt, 1757 bei Moys gefallen, von August Kiß; Keith, 1758 bei Hochkirch gefallen,, von J. P. A. Tassaert; Husarengeneral Zieten, von Gottfried Schadow; Seydlitz, der Sieger von Roßbach, von J. P. A. Tassaert. Die Denkmäler wurden 1862 in Bronze neu gegossen, die Marmororiginale gelangten ins Kaiser-Friedrich-Museum (Bode-Museum). Der luxuriöse Kaiserhof, in dem 1932 Hitler darauf wartete, endlich ins Reichskanzleramt umziehen zu können, wurde im Krieg zerstört und anschließend völlig beseitigt.

191

Gendarmenmarkt

Er zählte dank seiner architektonischen Bedeutung und seiner künstlerischen Gestaltung zu den schönsten Plätzen Berlins und darüber hinaus Deutschlands und Europas. Seinen Namen verdankt der im 17. Jahrhundert angelegte, 48 000 Quadratmeter große Platz dem ehemaligen Kürassierregiment Gensdarmes, das hier bis 1782 seine Hauptwache, Kasernen und Stallungen unterhielt. Vorher war er als Esplanade, dann als Lindenmarkt, Mittelstädtischer oder Friedrichstädtischer Markt bekannt. Bis zum Zweiten Weltkrieg blieb der Platz ein ebenso belebtes wie beliebtes Zentrum Berlins. Die schweren Zerstörungen im letzten Krieg konnten bis 1993 beseitigt werden. An die Stelle ehemals dreigeschossiger Umbauung ist allerdings eine fünfgeschossige getreten, so dass sich die Proportionen der Gesamtanlage verschoben haben.

Zentrales Gewicht beansprucht das 1819–1821 von Karl Friedrich Schinkel in Anlehnung an griechische Architekturformen erbaute **Königliche Schauspielhaus**, die vielleicht genialste Schöpfung Schinkels. Sie trat an die Stelle des 1817 abgebrannten Nationaltheaters und erhielt 1883–84 eine Verblendung aus Werksteinen. Die Hauptfassade wird durch eine von sechs ionischen Säulen getragene Halle betont. Auf den Wangen der großen Freitreppe stehen Löwe und Panther mit Amoretten von Friedrich Tieck. Die Bronzegruppe über dem Dachgiebel zeigt Apollo in einem Zweigespann, das von Greifen gezogen wird. Eine fast völlige Umgestaltung des Inneren erfolgte 1904–05. – Die reiche, dennoch zurückhaltende, klassizistische Gliederung entschwert gleichsam den mächtigen Gebäudekomplex und strahlt eine überzeugende Harmonie aus. Der Figurenschmuck hält sich an die Vorgaben Karl Friedrich Schinkels und zeigt antike Themen. Auf den drei Giebeln stehen die neun Musen. Das Giebelfeld der Säulenhalle zeigt die Geschichte der Niobiden als Beispiel tragischer Dichtkunst, im oberen Giebelfeld sieht man Eros vor einem Thron sowie Psychen und Masken der Komödie und Tragödie. Der Nordgiebel bringt den Triumphzug von Bacchus und Ariadne in Erinnerung an den Ursprung des griechischen Dramas aus dem Bacchuskult. In der Darstellung des südlichen Giebels wird Eurydike durch den Gesang des Orpheus aus dem Hades befreit, ein Symbol für Bedeutung und Macht der Musik. – Die Kriegsschäden sind beseitigt worden. Das einstige Schauspielhaus dient seit 1984 als Konzerthaus.

Vor dem Schauspielhaus auf dem Schillerplatz steht das am 10. November 1871 enthüllte **Schiller-Denkmal** von Reinhold Begas. Der Sockel wurde mit Allegorien der wichtigsten Tätigkeitsfelder des Dichters geschmückt, also

Gendarmenmarkt um 1930 mit dem Deutschen Dom, dem Königlichen Schauspielhaus und dem Französischen Dom

der Lyrik, die als Attribut eine Harfe trägt, des Dramas, mit einem Dolch, der Geschichte, mit Schrifttafeln, und der Philosophie, die eine Pergamentrolle hält. Das Marmorstandbild wurde 1935 abgebaut, befindet sich aber seit 1987 wieder an seinem angestammten Platz.

Das Schauspielhaus wird südlich flankiert von der Neuen oder Deutschen Kirche und nördlich von der Französischen Kirche. Vor den beiden Kirchen entstanden 1780 bis 1785 unter

Königliches Schauspielhaus um 1910. Die Aufnahme zeigt besonders deutlich die klare Gliederung des Bauwerks. Die große Freitreppe führt zur übergiebelten Säulenhalle hinauf. Im Mittelbau waren die Bühne und der dreirangige Zuschauerraum untergebracht. Der linke, südliche Seitentrakt diente als Konzertsaal, im nördlichen waren Garderoben und andere Funktionsräume untergebracht. Das Bauwerk ist auf einen hohen Sockel gesetzt und gewinnt damit eine Monumentalität, die die Platzmitte heraushebt und sich in genialer Weise an die flankierenden Kuppeltürme anpasst, mit ihnen zusammen ein einzigartiges Ensemble bildet. Vor der Freitreppe steht das Schiller-Denkmal.

Friedrich dem Großen die siebzig Meter hohen **Kuppeltürme des Deutschen und des Französischen Doms**, errichtet von Karl von Gontard (1731–1791). Über würfelförmigen Unterbauten, die jeweils nach Norden, Osten und Süden einen vorgezogenen, sechssäuligen Portikus besitzen, ragen die von zwölf Säulen umgebenen Rundtürme auf. Über Gebälk und Balustrade mit Umgang folgt ein weiteres Geschoss mit 12 Fenstern. Den Abschluss bilden die hohen, ebenfalls in zwölf Felder geteilten Kuppeln.

Die **deutsche Kirche** entstand 1701–1708 zur Zeit Friedrichs I. nach Plänen von Martin Grünberg für die reformierte Gemeinde. Als im 19. Jahrhundert der Einsturz drohte, wurde 1881–82 nach Plänen von Hermann von der Hude (1830–1908) über dem alten Grundriss ein Neubau errichtet, der sich mit seinen neubarocken Formen deutlicher dem vorgesetzten Kuppelturm anpasste. Auffallend ist die einmalige Anlage des Grundrisses: fünf Konchen umschließen die Seiten eines Fünfecks. Die Entwürfe für den plastischen Schmuck stammen von Bernhard Rode. Im nördlichen Giebelfeld ist das Opfer zu Lystra zu sehen, im östlichen predigt Paulus in Athen, und im südlichen verabschiedet sich Paulus von den Ephesern. Allegorische Figuren erscheinen über den Giebeln: nördlich die Mäßigkeit und Keuschheit, östlich die Treue, Mildtätigkeit und Freundschaft, süd-

Gendarmenmarkt um 1910 von Norden mit Blick auf den Deutschen Dom und das Königliche Schauspielhaus. In der Platzmitte ist das Schiller-Denkmal zu sehen.

lich die Demut, Klugheit und Standhaftigkeit. Die Sitzgruppen verkörpern Glaube, Hoffnung, Liebe und Langmut. – Im Dom wurde Georg Wenzeslaus von Knobelsdorff bestattet. Auf den Stufen vor dem Dom bahrte man 1848 die Toten der Barrikadenkämpfe auf. – Die Kirche brannte 1943 aus, der originalgetreue Wiederaufbau wurde 1996 abgeschlossen. Auf der Kuppelspitze steht die sieben Meter hohe vergoldete „Siegende Tugend". Im Deutschen Dom wird auf 1 800 Quadratmetern die Ausstellung „Fragen an die Deutsche Geschichte" gezeigt.

Die **französische Kirche** wurde ebenfalls unter Friedrich I. zwischen 1701 und 1705 erbaut und von der französischen reformierten Gemeinde (Hugenotten) als Gotteshaus genutzt. Als Vorbild diente dem Baumeister Louis Cayart die zerstörte Hauptkirche der Hugenotten bei Charenton. Ein Umbau der Kirche erfolgte 1905 durch Otto March. Die figürliche Ausstattung stammt weitgehend von Daniel Nikolaus Chodowiecki (1726–1801). Die Giebelreliefs zeigen nördlich den Gang nach Emmaus, östlich die Bergpredigt und südlich Christus mit der Samariterin. Die allegorischen Figuren über den Giebeln zeigen nördlich Geduld, Mitleid und Güte, östlich Glaube, Hoffnung, und Liebe, südlich Dankbarkeit und Mäßigung (eine Figur ist nicht zuzuordnen). Auf der Kuppelspitze sieht man die „Triumphierende Religion". Die Kriegszerstörungen sind auch hier inzwischen behoben worden. Im Erdgeschoss befindet sich das Hugenottenmuseum.

Am Gendarmenmarkt standen bis zu den Zerstörungen des Zweiten Weltkriegs u. a. das Gebäude der General-Lotterie-Direktion (Markgrafenstraße 39), unter Friedrich dem Großen 1781 wohl von Gontard erbaut, ferner die 1901 errichtete Preußische Staatsbank (Markgrafenstraße 38), 1772 von Friedrich dem Großen gegründet als Königliche Seehandlung zur Förderung des Überseehandels, außerdem das alte Weinhaus Lutter (Charlottenstraße 49), in dessen Erdgeschoss zum Beispiel der Dichter E. T. A. Hoffmann und der Schauspieler Ludwig Devrient mit Freunden und Kollegen zu nächtlicher Stunde zusammentrafen.

Reichsbank

Die 1876 gegründete Deutsche Reichsbank trat die Nachfolge der 1765 von Friedrich dem Großen ins Leben gerufenen Preußischen Bank an. In der Jägerstraße 34 erbaute Friedrich Hitzig (1811–1881) im Renaissancestil von 1869–1876 das imposante Hauptgebäude der Reichsbank. Im Treppenhaus wurde eine Bronzestatue Wilhelms I. von Johannes Böse (1856–1917) aufgestellt. Einschließlich der Erweiterungsbauten, also auch des 1892–94 von Hasak am Hausvogteiplatz aufgeführten Kontors für Wertpapiere, umfasste der Gebäudekomplex ein ganzes Häuserviertel. – Das Hauptgebäude wurde abgerissen und 1934–39 ein größerer Neubau durch Heinrich Wolf aufgeführt, in dem sich nach dem Zweiten Weltkrieg das Zentralkomitee der SED einnistete. Die zerstörten Bauten am Hausvogteiplatz wurden nach dem Krieg vollends beseitigt.

oben: Gendarmenmarkt und Schiller-
platz um 1900. Pferdedroschken be-
herrschen das Straßenbild. Links am
unteren Bildrand steht eine pittoreske
Bedürfnisanstalt .

rechts: Hauptgebäude der Deutschen
Reichsbank in der Jägerstraße 34. Die
Fassade wird durch den leicht vorge-
zogenen und mit acht Säulen ge-
schmückten Mittelbau geprägt.

Potsdamer Platz

Vor seiner Zerstörung im Bombenhagel zählte der Potsdamer Platz zu den verkehrsreichsten Plätzen Europas. Hier befanden sich die Endstationen von drei Fern- und Vorortbahnen. Im Oktober 1900 wurden innerhalb von sechzehn Stunden 146 000 Fußgänger und 27 412 Fahrzeuge registriert. 1908 kreuzten bereits fünfzehn Straßenbahnlinien den Potsdamer Platz und achtundzwanzig Linien passierten die Leipziger Straße.

Seine Entstehung verdankt er wie der Pariser Platz und der Belle-Alliance-Platz bzw. Mehringplatz der Erweiterung der Friedrichstadt im 18. Jahrhundert. Seinen Namen trägt er seit 1831. Eigentlich war der Potsdamer Platz gar kein richtiger Platz, er war das Gelände vor dem Potsdamer Tor, ein Verkehrsknotenpunkt, an dem Potsdamer Straße, Bellevuestraße, Königgrätzer Straße und Leipziger Straße aufeinandertrafen. Der Potsdamer Bahnhof und die U-Bahn und später noch die S-Bahn transportierten Menschenmassen. In kaiserlicher wie in Weimarer Zeit wurde auf dem Gelände unermüdlich gebaut. Besondere Bedeutung erlangte das 1910–11 von Franz Heinrich Schwechten erbaute „Haus Potsdam", das ab 1914 als „Haus Vaterland" bekannt wurde und mit seinen Ballsälen, Revuen, Weinstuben, Cafés, Bars usw. der Unterhaltung der Berliner diente. An der Ecke Bellevuestraße im Café Josty verkehrten zahlreiche Künstler, Politiker, Schriftsteller und andere wichtige Leute und führten heiße Debatten oder beobachteten einfach die Passanten oder lasen fast noch druckfrische Zeitungen. Die erste Rundfunksendung Deutschlands wurde 1923 im Vox-Haus ausgestrahlt. Zu einem besonderen Wahrzeichen des Platzes wurde die 1924 eingerichtete Ampelanlage, die als erste Einrichtung ihrer Art in Deutschland das wachsende Verkehrsaufkommen zu bewältigen suchte.

oben: Potsdamer Platz um 1905. Die Aufnahme zeigt nicht nur den regen Verkehr, sondern links auch das komfortable Hotel Bellevue, das über 100 Zimmer verfügte und im Erdgeschoss einen Bierausschank und ein Restaurant besaß. Jenseits der Königgrätzer Straße folgt das Palast-Hotel, ebenfalls ein vornehmes Haus (Leipziger Platz 18–19), das mit 120 Zimmern aufwarten konnte und seine Gäste mit gepflegter Tafelmusik verwöhnte.

links: Haus Vaterland, 1910–11 nach Plänen von Franz Heinrich Schwechten erbaut, um 1913.

Potsdamer Platz mit Blick in die Königgrätzer Straße um 1915. Am linken Bildrand ist noch ein Teil des Leipziger Platzes zu sehen. Es folgt das Hotel Fürstenhof, ein Luxushotel mit 300 Zimmern. Daneben erscheint das 1910–11 von Franz Schwechten erbaute Haus Potsdam. Weiter rechts steht der 1872 erbaute und nach dem Zweiten Weltkrieg abgetragene Potsdamer Bahnhof. Am rechten Bildrand sieht man den Siechenschen Bierpalast.

Der Bau der Berliner Mauer ließ das Gelände um den Potsdamer Platz veröden; Sperrzäune, Todesstreifen, Wachtürme, Stacheldraht bestimmten das trostlose Bild bis zur Wende. Hier fand am 12. November 1989 an besonders symbolträchtigem Ort die Begegnung zwischen dem Regierenden Bürgermeister Westberlins und dem Oberbürgermeister Ostberlins statt, die Mauer war gefallen, und Berlin wuchs wieder zusammen. Gewaltige Bauanstrengungen rund um den Potsdamer Platz lassen unter Wahrung des historischen Grundrisses ein neues Zentrum der Stadt entstehen.

Leipziger Platz um 1890. Zwei klassizistische Schinkelsche Torhäuser von 1823/24 grenzen den Leipziger Platz vom Potsdamer Platz ab. Der Blick geht nach Osten über den Leipziger Platz zur Leipziger Straße.

Leipziger Platz

Der achteckige Platz (Oktogon) ist Teil des unter Friedrich Wilhelm I. um 1734 durchgeführten Ausbaus der Friedrichstadt (Vgl. Quarré = Pariser Platz sowie Rondell = Belle-Alliance-Platz bzw. Mehringplatz). Die gärtnerische Gestaltung des Platzes hatte Lenné entworfen.

Große Wohn- und Geschäftshäuser oder Behördenbauten säumten den Platz: Nr. 6–10 das Landwirtschaftliche Ministerium, Nr. 11 das Handelsministerium, Nr. 13 das Reichsmarineamt, Nr. 14 das Direktionsgebäude der Großen Berliner Straßenbahn, Nr. 15 das Haus von Rudolf Mosse, Nr. 16 das Haus des Kaiserlichen Automobilklubs.

Kaufhaus A. Wertheim GmbH, Leipziger Platz 12–13 und Leipziger Straße 126–137, um 1913. Als außergewöhnlicher Publikumsmagnet erwies sich das von Alfred Messel (1853–1909) zwischen 1896 und 1906 erbaute, 1897 eröffnete und 1912 beträchtlich erweiterte Warenhaus Wertheim, das geradezu als „Weltwunder Wertheim" gefeiert wurde. Es besaß eine Schaufensterfront von mehr als dreihundert Metern und galt als schönstes Geschäftshaus der Stadt. Der Architekt hat geradezu einen neuen Gebäudestil, die Kaufhausarchitektur, entworfen mit den pfeilerartigen Aufbauten über den Arkaden und den bis zur Dachtraufe reichenden Fensterpartien. Im Zweiten Weltkrieg wurde der Gebäudekomplex stark beschädigt und wenig später abgetragen.

Kaufhaus Wertheim, Seitenfront an der Leipziger Straße, um 1905. Die Abbildung zeigt die insgesamt 330 Meter lange Fassade. Hinter den Fensterfronten drängten sich die Besucher und Käufer. Herders Konversationslexikon bezeichnete 1907 den Gebäudekomplex als „Fabrik des Lächelns und der Visionen, der Gesichter und der Träume vom Leben, das die Menschen mit den Annehmlichkeiten umgibt, für die sie leben."

Nach schwersten Kriegszerstörungen erhält der Leipziger Platz in Anlehnung an den historischen Stadtplan seine oktogonale Gestalt der Barockzeit zurück und wird wieder mit großen Stadthäusern bebaut, also mit Wohn- und Geschäftshäusern, Hotels oder Kinos.

Leipziger Straße

Sie war die Hauptgeschäftsstraße Berlins, anderthalb Kilometer lang und gesäumt von zahlreichen großen, geradezu monumentalen Kaufhäusern, beispielsweise Jandorf, Tietz, Michels & Co., Maassen, Cords oder Wertheim. Weiterhin gab es Spezialgeschäfte wie das Leinenhaus Grünfeld oder die Schuhgeschäfte von Salamander oder Tack, ferner Restaurants, Weinstuben, Versicherungspaläste, Niederlassungen zahlreicher Firmen, das Herrenhaus, das Reichs-Postmuseum, das Reichs-Postamt, das Handelsministerium mit den Verkaufsräumen der Königlichen Porzellanmanufaktur usw.

Der Krieg hat die alte Leipziger Straße unter Schuttbergen begraben. Die Warenhauspaläste verschwanden, hohe Wohngebäude mit teilweise fünfundzwanzig Geschossen an der Südseite und elf Geschossen an der Nordseite veränderten den Charakter der Straße.

Das Herrenhaus, Leipziger Str. 3–4 um 1905. Auf dem Grundstück standen zunächst ein Adelspalast aus der Mitte des 18. Jahrhunderts und die 1763 gegründete Königliche Porzellanmanufaktur, die nach 1871 als provisorischer Sitz des Deutschen Reichstags diente. Bis 1904 errichtete man nach Plänen von Friedrich Schulze das viergeschossige Herrenhaus, eine imposante Dreiflügelanlage in den Formen der italienischen Hochrenaissance. Im Dreiecksgiebel über dem Mittelrisaliten erscheint ein Relief der Borussia, umgeben von allegorischen Figuren, von Otto Lessing.

Anhalter Bahnhof

Der Anhalter Bahnhof war einer der fünf großen Kopfbahnhöfe Berlins, die den Fernverkehr zu bewältigen hatten. Die Bahnhofsanlage
am Askanischen Platz wurde 1875–80 von
Franz Schwechten erbaut. Der Kopfbahnhof
zeigte sich mehr als architektonisch repräsentatives Bauwerk denn als bloßer Zweckbau. Der
vorgezogene Riegelbau enthielt komfortable
Wartesäle. Der bogenförmige Mittelteil deute-
te die Bahnhofshalle an, die durch die hohen
Fenster gleichzeitig Licht erhielt. Die Halle war
170 Meter lang und 60 Meter breit, das Dach
besaß eine Fläche von 10 200 Quadratmetern.
Als erstes künstlerisch bedeutsames Bahnhofs-
gebäude blieb die Anlage lange Zeit vorbildlich.

Der erste Zug verließ den neuen Bahnhof
am 15. Juni 1880 Richtung Lichterfelde. Der
Anhalter Bahnhof war Endstation für die Züge
aus Wien, Prag, Dresden, München, Leipzig,
Halle, aus Thüringen, Bayern und Frankfurt/M.

Zur Beförderung von Reisenden und Gepäck dienten unter anderem Droschken, die
man durch einen am Bahnhof postierten
Schutzmann anfordern konnte, und zwar durch
den Erwerb einer mit entsprechender Nummer
versehenen Blechmarke (25 Pf.). Gepäckträger
beförderten einen Koffer für 25 Pfennige zur

oben: *Askanischer Platz und Anhalter Bahnhof
um 1915. Links verläuft die Königgrätzer Straße,
die heutige Stresemannstraße. Die Aufnahme zeigt
eindrucksvoll die buchstäblich überragende Größe
des Bahnhofsgebäudes.*

unten: *„Das neue Empfangsgebäude der Berlin-
Anhaltischen Eisenbahn zu Berlin. Nach dem Entwurf des Baumeisters Franz Schwechten gezeichnet
von G. Theuerkauf." (1879)*

Droschke. Man konnte sein Gepäck aber auch von der „Bzbg.", der „bahnamtlich zugelassenen Berliner Gepäckbeförderung" transportieren lassen, einer Genossenschaft der Gepäckträger sämtlicher Bahnhöfe. Einen Gepäckschein konnte man bereits während der Fahrt dem Zugpersonal überreichen, das alles Weitere veranlasste. Natürlich konnte man sein Gepäck von der „Bzbg." auch vom Hotel oder von der Wohnung abholen lassen.

Der Anhalter Bahnhof wurde im Zweiten Weltkrieg beschädigt. Außenwände und Dachkonstruktion waren noch gut erhalten. Dennoch wurde der Bau gesprengt. Erhalten blieben nur der dreiportalige Portikus sowie Teile des Vestibüls.

Hallesches Tor

Es bildet den Zugang zum Belle-Alliance-Platz, dem heutigen Mehringplatz, und besteht aus zwei Torgebäuden, die 1879 von Heinrich Strack (1805–1880) an Stelle des einstigen Tores erbaut wurden.

Belle-Alliance-Platz (Mehringplatz)

Der Platz wurde 1734 von Philipp Gerlach (1679–1748) als Rondell am Halleschen Tor geschaffen, erhielt später den Namen Belle-Alliance-Platz und heißt seit 1947 Mehringplatz. Er bildet den südlichen Abschluss der Friedrichstraße.

Hallesches Tor um 1890. Das Straßenbild wird geprägt von Fußgängern, Pferdebahnen, Pferdedroschken, Pferdeomnibussen und Pferdefuhrwerken. Der Blick geht nach Norden zum Belle-Alliance-Platz und weiter zur Friedrichstraße.

Hallesches Tor mit Hochbahn um 1910. Die Bahn durchschneidet förmlich das Bild, sie dokumentiert aber auch den technischen Fortschritt gegenüber der vorherigen Abbildung, das gilt auch für die inzwischen elektrisch betriebene Straßenbahn. Die Soldaten, die im Gleichschritt Richtung Belle-Alliance-Platz und Friedrichstraße marschieren, kommen möglicherweise von einer Übung oder einem Manöver auf dem Tempelhofer Feld zurück.

In der Platzmitte erhebt sich aus einem runden Brunnenbecken die von Christian Gottlieb Cantian 1840 bis 1843 geschaffene 18,83 Meter hohe Friedenssäule, auf deren Spitze über einem korinthischen Kapitell eine bronzene Viktoria von Christian Daniel Rauch (1777–1857) erscheint. Die Säule wurde 1843 im Gedenken an die siegreichen Befreiungskriege gegen Napoleon enthüllt. Die künstlerische Gestaltung des Platzes lag zu dieser Zeit in den Händen von

Peter Joseph Lenné. Vier Marmorgruppen mit Darstellungen der am Sieg bei Belle-Alliance oder Waterloo beteiligten Mächte wurden 1876 hinzugefügt. Auf der Südseite standen außerdem noch zwei allegorische Marmorfiguren: der „Friede" (1879) von Albert Wolff (1814–1892) und die „Geschichtsschreibung" (1878) von Ferdinand Hartzer (1838–1906).

Im Zweiten Weltkrieg wurde das Gebiet um den Mehringplatz weitgehend zerstört. Ursprünglich mündeten von Norden drei Straßen in den Mehringplatz, die Wilhelmstraße, die

Belle-Alliance-Platz um 1890. Die runde Gestalt des Platzes und die Lennéschen Anlagen bestimmen das Bild. Im Vordergrund stehen die beiden Allegorien des Friedens und der Geschichtsschreibung, die den Krieg überlebt haben, ebenso wie die Friedenssäule, die aus der Platzmitte emporwächst. Die vier Marmorgruppen sind nicht erhalten geblieben.

Friedrichstraße und die Lindenstraße. Beim Wiederaufbau wurden Wilhelm- und Lindenstraße seitlich am Platz entlanggeführt. Nach städtebaulichen Plänen Hans Scharouns entstand zwischen 1968 und 1975 ein verkehrsfreier Platz, der eine doppelte Ringbebauung mit drei- und fünfgeschossigen Häusern durch Werner Düttmann erhielt. Die weitere Bebauung mit Wohnhochhäusern sprengte allerdings die Maßstäbe des Platzes, der seine städtebauliche Funktion einbüßte.

Viktoriapark (Kreuzberg)

Der Park wurde von Hermann Mächtig 1888–94 (Erweiterung 1913–16 durch Albert Brodersen) am Abhang des Kreuzbergs angelegt, der mit 66 Metern höchsten Erhebung Berlins. Nach Zentimetern gerechnet gilt er gar als Sechstausender. Ein künstlich angelegter Wasserfall, dem Zackenfall im Riesengebirge nachempfunden, ergoss sich über felsige Partien in die Tiefe. Als besondere Attraktion galt im Sommer die mittwochs und samstags abends von 20 bis 22 Uhr erfolgende farbige Beleuchtung. Auch heute rauschen wieder 13 000 Liter Wasser je Minute zu Tal. Der Wasserfall mündet in einen Brunnen mit der Skulptur „Der seltene Fang": im Netz eines bronzenen Fischers zappelt eine Nixe. Marmorne Hermenstelen bekannter Dich-

Viktoriapark und Kriegerdenkmal auf dem Kreuzberg um 1895. Die Abbildung zeigt den künstlichen Wasserfall und auf der Höhe des Kreuzberges das Denkmal.

ter der Zeit um 1800, nämlich Arndts, Kleists, Körners, Rückerts, Schenkendorfs und Uhlands, standen in den Anlagen. Erhalten sind die Denkmäler Kleists, Rückerts und Uhlands.

Auf dem Kreuzberg wurde 1818–1821 auf Veranlassung Friedrich Wilhelms III. nach dem Entwurf Karl Friedrich Schinkels in Eisenguss das zwanzig Meter hohe gotische „Nationaldenkmal für die Befreiungskriege" errichtet, das 1878 zusätzlich einen acht Meter hohen Sockel erhielt. Die Denkmalnischen erhielten zwölf Genien als Verkörperungen der wichtigsten Siege. Sie wurden gestaltet von Christian Daniel Rauch, Friedrich Tieck und Ludwig Wichmann, die ihren Werken Porträtcharakter verliehen, indem sie den Gesichtern das Aussehen von Mitgliedern der Königsfamilie oder von berühmten Heerführern gaben.

Nach dem Eisernen Kreuz auf der Denkmalspitze, von Friedrich Wilhelm III. gestiftet, erhielt der Berg seinen Namen Kreuzberg, der seit 1920 auch für den Bezirk Kreuzberg gilt.

Märkisches Museum

Das mehrere Gebäude um zwei Innenhöfe vereinende und von einem machtvollen Turm überragte Museum (Am Köllnischen Park 5), das geradezu Burg, Kirche, Bürgerhaus und Rathaus umschließt, wurde 1901–07 von Ludwig Hoff-

mann (1852–1932) erbaut, der Formen der Gotik und der Renaissance der Mark Brandenburg reizvoll miteinander verband. Er schuf damit das erste kulturhistorische Museum der Stadt. Vor dem Eingang fand eine Nachbildung des Brandenburger Rolands (1474) Aufstellung.

Nach der Reichsgründung 1871 und der damit verbundenen nationalen Euphorie begann der Aufbau eines Märkischen Provinzialmuseums, dessen formale Gründung 1874 erfolgte. Es wanderte vom Roten Rathaus ins Podewilssche Palais, weiter zum Köllner Rathaus und zur Städtischen Sparkasse, bis 1908 der Umzug in den fertiggestellten Neubau vonstatten ging.

Sein Konzept hatte Hoffmann folgendermaßen umrissen: „Bei der Anfertigung des Bauentwurfs war der Gedanke maßgebend, die verschiedenartigen Ausstellungsstücke in einer ihrer Eigenart entsprechenden räumlichen Umgebung und Belichtung zur Erscheinung zu bringen. Bei den verschiedenen Ansprüchen, welche die verschiedenen Abteilungen in dieser Beziehung stellen, wäre es wohl nicht richtig gewesen, ein einheitliches Gebäude mit gleichen Stockwerkshöhen, gleichen Fensterachsen, gleichgroßen Fensteröffnungen und gleichartigen Architektursystemen zu errichten; es wurde vielmehr eine freie Bauanlage geschaffen, welche es ermöglicht, jede Sammlung in eigens zu ihr gestimmten Räumen unterzubringen. Eine solche gruppierte Bauanla-

Märkisches Museum um 1910. Die Ansicht zeigt den Eingangsbereich mit Treppenhalle und Turm, ferner den Haupttrakt in Gestalt einer gotischen Kirche, flankiert von zwei weiteren Baukörpern.

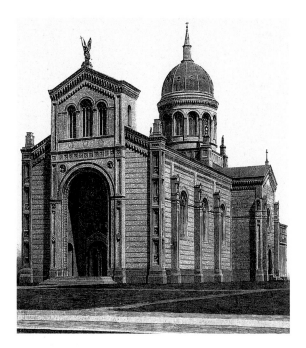

St. Michael, Abb. von 1888. Das äußere Erscheinungsbild wird durch zweifarbige Ziegelschichten bestimmt. Fassade und Seitenfronten und der schlanke Kuppelbau sind reich verziert mit Strebepfeilern, Friesen und Formsteinen. Die Hauptfassade zeigt eine triumphbogenartige Eingangsnische mit Portal und Rosette. Das Gewicht dieser Fassade wird verstärkt durch das aufgesetzte Glockengeschoss, dessen Satteldach in Verbindung mit den niedrigeren Pultdächern, die jedoch Teil des Hallendachs sind, erwecken einen basilikalen Eindruck. Auf der Giebelspitze steht eine Statue des Kirchenpatrons von August Kiss.

ge ließ sich auch äußerlich der alten märkischen Bauweise eher anpassen, wie auch der unregelmäßigen Form des Grundstücks sowie einer eher ungezwungenen malerischen Einfügung des Baues in den Köllnischen Park und seinen mit herrlichen Bäumen bestandenen Teil des alten Walls so eher Rechnung getragen werden konnte. ... Für die Gestaltung und Ausbildung der Räume war nur die Rücksicht auf die Gegenstände der Sammlung maßgebend."

Im Erdgeschoss war die vorgeschichtliche Abteilung untergebracht. Im ersten Stock waren religiöse Ausstellungsstücke, die naturgeschichtliche und die kulturgeschichtliche Abteilung zu bewundern. Im zweiten Geschoss waren u. a. kirchliche Altertümer, Berlinansichten, gewerbliche Stücke, historische Möbel und Einrichtungsgegenstände, Gemälde, Porzellan, Profanaltertümer des Mittelalters und der frühen Neuzeit ausgestellt.

Schwere Zerstörungen und Verluste an Gebäuden und Sammlungen gab es durch den Zweiten Weltkrieg. Der Wiederaufbau konnte bis Ende der fünfziger Jahre des 20. Jahrhunderts abgeschlossen werden. Heute vermittelt das Museum wieder einen beeindruckenden Überblick über 10 000 Jahre historischer und kultureller Vergangenheit Berlins.

Katholische Pfarrkirche St. Michael

Die Kirche am Michaelkirchplatz war als Garnisonkirche geplant und sollte einen wesentlichen städtebaulichen Akzent der Luisenstadt bilden. August Soller (1805–1853) lieferte bereits 1845 erste Entwürfe. Die Ausführung erfolgte 1851–56 in Anlehnung an oberitalienische Backsteinkirchen der Renaissance. Über kreuzförmigem Grundriss erhebt sich eine dreischiffige Halle mit auffallend hoher Vierungskuppel und kurzem Chor mit drei Apsiden. Diese Verbindung von Zentralbau und Langschiff wurde für weitere Berliner Kirchenbauten vorbildlich.

Theodor Fontane hielt St. Michael für die schönste Berliner Kirche. Jedenfalls gilt sie als wichtigstes Beispiel der Schinkel-Schule. Die Kirche wurde im Krieg schwer getroffen; bis 1974 konnten lediglich Chor und Querschiff in moderner Form erneuert werden.

Oberbaumbrücke

Seit 1724 hatte an dieser Stelle eine hölzerne Zugbrücke bestanden. Hier lag auch der „Oberbaum", der die nächtliche Schifffahrt auf der Spree unterband. Otto Stahn erbaute 1895–96 nach dem Vorbild märkischer Backsteinarchitektur die mit Türmen und Zinnen bestückte Oberbaumbrücke, über die neben

St. Michael, Innenansicht von 1888. Flachkuppeln bestimmen den Raum, die Seitenschiffe sind durch breite Gurtbogen abgesetzt und verhältnismäßig schmal.

der Fahrbahn auf zinnenbewehrtem Bogengang (klinkerverblendete Eisenkonstruktion) auch die Hochbahn ratterte. Die siebenbogige Stahl-

213

Oberbaumbrücke mit Hochbahn um 1910. Die Abbildung vermittelt einen guten Eindruck von dem imposanten, fast festungsartig wirkenden Brückenbauwerk. Neben der Fahrbahn verläuft auf der östlichen Seite der Hochbahnviadukt, der gerade von einem Zug überquert wird.

betonkonstruktion wurde mit Granit und Ziegelsteinen verkleidet.

Die jüngsten Wiederherstellungsarbeiten währten bis 1994. Dabei wurde das Mittelstück

nach Entwürfen Santiago Calatravas als Stahlbrücke ausgeführt.

Zwischen 1896 und 1902 wurde von der Firma Siemens & Halske die erste U-Bahn-

Märchenbrunnen im Friedrichshain um 1915. Im Vordergrund sind die vier Wasserbecken mit den Märchenfiguren zu sehen. Als abschließende Kulisse erscheint dahinter die säulen- und pilastergeschmückte Arkade mit den Tierfiguren auf der Balustrade.

strecke Berlins (Stammbahn) mit einer Länge von 11,5 Kilometern erbaut, überwiegend als Hochbahn. An der Oberbaumbrücke startete 1902 vom Bahnhof Stralauer Tor ein festlich geschmückter, aus drei Wagen bestehender Zug in Richtung Potsdamer Platz. Mit dieser Jungfernfahrt weihte die Gesellschaft für elektrische Hoch- und Untergrundbahnen die neue Strecke ein.

Märchenbrunnen im Friedrichshain

Die Anlage des Parks wurde 1840, also zum 100. Jahrestag der Inthronisation Friedrichs des Großen, mit Blick auf den eher herrschaftlichen Tiergarten ausdrücklich als Volkspark beschlossen. Das Konzept Peter Joseph Lennés setzte sein Schüler Gustav Meyer um. Die Ausführung als Landschaftsgarten erfolgte 1846–

48. Die Erweiterung 1874–76 leitete ebenfalls Gustav Meyer. – Nach dem Zweiten Weltkrieg folgten Aufbau- und Umgestaltungsarbeiten, in deren Verlauf zwei Hochbunker gesprengt und mit Trümmerschutt zu zwei Erhebungen aufgeschüttet wurden, die man in die gärtnerischen Anlagen einbezog. Der kleine Burgberg wurde 48 Meter hoch. Der größere Hügel bietet mit einer Höhe von 78 Metern eine weite Aussicht. Große Teile des Parks wurden 1969–73 zu Sport- und Spielstätten umgestaltet.

In der Nähe des ehemaligen Königstores gestaltete Ludwig Hoffmann (1852–1932) bis 1913 den Märchenbrunnen, der 1945 schwere Schäden erlitt, aber bis 1969 weitgehend wiederhergestellt werden konnte. – Von Hoffmann selbst stammt die Idee, den Kindern aus den dunklen, ungesunden Hinterhöfen der Bezirke Prenzlauer Berg und Friedrichshain im Volkspark angemessene Spielmöglichkeiten an der frischen Luft zu schaffen. Die annähernd halbkreisförmige, neunteilige Arkade lässt an frühbarocke Wassertheater als Vorbild denken. Auf der Balustrade erscheinen vierzehn marmorne Tierplastiken von Joseph Rauch. Vorgelagert sind mit einer Breite von 34 und einer Länge von 54 Metern vier breite Wasserbecken mit niedrigen Kaskaden und Springbrunnen. Auf den Beckeneinfassungen stehen auf kleinen Sockeln zehn Märchengruppen mit Motiven aus den bekanntesten deutschen Märchen, geschaffen von Ignatius Taschner (1871–1913), zwischen denen Schildkröten und wasserspeiende Frösche agieren. In der Achse der Gesamtanlage findet sich hinter der Arkade noch ein rundes Becken samt Springbrunnen und Kindergruppen von Georg Wrba. Insgesamt erfreuten 106 Märchenskulpturen die kleinen und großen Besucher.

Schöneberg

Der erste schriftliche Hinweis auf das Dorf Schöneberg, gelegen am Handelsweg von Sachsen über Berlin-Kölln und weiter Richtung Osten, stammt aus dem Jahr 1264. Spuren einer Semnonensiedlung des 1.–3. Jahrhunderts wurden 1936 entdeckt und belegen eine frühe Besiedlung. Friedrich der Große ließ am Dorfrand zwanzig Häuser für böhmische Protestanten errichten, die eine Textilindustrie begründeten (Neu-Schöneberg). Im Siebenjährigen Krieg wurde das Dorf zerstört und wiederaufgebaut. Lediglich die Kirche ist aus dieser Zeit erhalten geblieben. Im 19. Jahrhundert änderten sich die Verhältnisse grundlegend, damit vor allem auch die Sozialstrukturen. Bis 1858 stieg die Einwohnerzahl bereits auf 7 000, bis zur Verleihung der Stadtrechte 1898 gar auf 75 000. Im folgenden Jahr wurde sogar ein ei-

Nollendorfplatz und Neues Schauspielhaus um 1905. Das Neue Schauspielhaus am Nollendorfplatz 5, später Theater am Nollendorfplatz, wurde 1906 von Albert Fröhlich und Otto Rehnig erbaut. Hier wurden Operetten und Ausstattungsstücke gezeigt. Die innere wie die äußere Gestalt ist mehrfach verändert worden, bewahrt in Grundzügen aber das ursprüngliche Erscheinungsbild der Fassade mit der mehrgeschossigen Bogennische und den seitlichen Turmbauten, die ursprünglich mit offenen Rundtempeln abschlossen. Die antikisierende Bauplastik wurde von Hermann Feuerhahn entworfen. 1927/28 bezog Erwin Piscator das Haus mit seinem „Proletarischen Theater". In jüngster Zeit wurde eine große Diskathek unter dem Namen Metropol eingerichtet. Im Vordergrund links erscheint noch der aufwändig gestaltete Bahnhof der Hochbahn.

217

Victoria-Luise-Platz mit Blick in die Motzstraße (links) und die Neue Winterfeldtstraße (rechts) um 1910. Er wurde 1900 von Fritz Encke als einladender Gartenplatz gestaltet und erhielt in der Mitte ein großes, rundes Bassin mit hoher Fontäne. In dem 1901–02 von Alfred Messel (1853–1909) errichteten Haus Nr. 6 befinden sich Einrichtungen des Lette-Vereins, den 1866 Wilhelm Adolf Lette gegründet hat, um die Erwerbsmöglichkeiten und die höhere Bildung „des weiblichen Geschlechts" zu fördern. Diese älteste Frauenfachschule besteht weiterhin als allgemein zugängliche Stiftung, die Berufsfachschulen unterhält.

gener Stadtkreis Schöneberg gegründet. Künftig bestimmten Mietskasernen das Ortsbild. Schöneberg wurde 1920 nach Berlin eingemeindet.

Charlottenburg

Erste Siedlungsspuren stammen aus der Zeit um 2 000 vor Christus. Ein großes Gräberfeld hat man in die Zeit um 1 000 datiert. Die erste Erwähnung eines Hofes Lütze, aus dem sich später ein kleines Dorf entwickelte, ist für 1239 überliefert. Aber erst der Bau des Landsitzes „Lietzenburg" ab 1695 durch Sophie Charlotte, die Gemahlin des Kurfürsten Friedrich III. und späteren Königs Friedrich I., verlieh der Gegend größere Bedeutung. Westlich von Lietzow oder Lützow entstand eine Siedlung, die 1705 Stadtrechte und nach der im gleichen Jahr verstorbenen Königin Sophie Charlotte den Namen Charlottenburg erhielt. Die Eingemeindung des Dorfes Lietzow erfolgte 1720. Unter Friedrich dem Großen nahm Charlottenburg einen beträchtlichen Aufschwung, der sich anschließend aber nur langsam fortsetzte. Zwischen 1840 und 1870 stieg die Zahl der Einwohner von 7 000 auf 16 000, bis 1880 auf 30 000, und 1893 wurde Charlottenburg bereits Großstadt, zählte um 1900 rund 180 000 Einwohner und 1913 sogar 320 000 Menschen. Die Stadt wurde 1920 zum 7. Verwaltungsbezirk Berlins.

Rathaus Schöneberg um 1915. Das auf einem freien Platz stehende Gebäude kündet vom Selbstbewusstsein der Schöneberger. Es wurde 1911–14 von Peter Jürgensen und Jürgen Bachmann errichtet, allerdings schon 1913 bezogen, doch erst 1917 feierlich eingeweiht. Den entscheidenden Akzent setzt der ursprünglich 81 Meter hohe Turm, der 1950 zur Aufnahme der von Bürgern der USA gestifteten Freiheitsglocke (Nachguss der Freiheitsglocke von Philadelphia) umgebaut und auf 70 Meter reduziert wurde. Nach der Teilung Berlins diente das Rathaus u. a. als Sitz des Regierenden Bürgermeisters von West-Berlin und des Senats. Vom Balkon rief 1963 US-Präsident John F. Kennedy der jubelnden Menge den berühmten Satz zu: „Ich bin ein Berliner!"

In der Kaiserzeit hatten sich vor allem in der Villenkolonie Westend zahlreiche wohlhabende bürgerliche und großbürgerliche Familien angesiedelt und damit eine entsprechende Sozialstruktur geschaffen. Diese Verhältnisse änderten sich jedoch zur Jahrhundertwende, da das benachbarte Berlin wuchs, so dass bald auch in Charlottenburg erste Mietskasernen entstanden.

Von besonderer Bedeutung sollte der Ausbau des Kurfürstendamms werden. Der Name deutet es bereits an. Ursprünglich war der Kudamm lediglich ein Reitweg zum Jagdschloss im Grunewald. Und da er weitgehend der kurfürstlichen Familie und ihrem Gefolge vorbehalten blieb, wurde er zum Kurfürstendamm. Zur repräsentativen, mehr als 53 Meter breiten Hauptstraße im Westen Berlins wurde der 3,5 Kilometer lange Damm erst auf Veranlassung Bismarcks. Er erhielt eine entsprechende Bebauung und zog wohlhabende Bürger ebenso an wie Geschäfts-

Charlottenburger Brücke oder Neue Brücke im Tiergarten um 1910. Das 1907/08 von Bernhard Schaede an der ehemaligen Stadtgrenze Charlottenburgs errichtete Bauwerk zeigt auf der Ostseite die 1909 aufgestellten Bronzestandbilder König Friedrichs I. und seiner Gemahlin Sophie Charlotte von Heinrich Baucke (1875–1915). Auf den hohen Torbauten sind allegorische Bronzen von Georg Wrba zu sehen, die im 2. Weltkrieg zerstört wurden; ebenso wie die beiden großen Kandelaber, die antiken Denksäulen nachempfunden waren.

Tauentzienstraße und Kaiser-Wilhelm-Gedächtniskirche um 1910. Wegen der zahlreichen prächtigen Läden und der beeindruckenden Bebauung nannte man die Tauentzienstraße auch die „Leipziger Straße des Westens", hier wurde am Wittenbergplatz im damals modernen Kaufhausstil von Emil Schaudt das imposante „Kaufhaus des Westens" (KaDeWe) errichtet. Nach schweren Kriegszerstörungen hat sich das Erscheinungsbild nach 1945 grundlegend verändert.

leute, Künstler oder Spekulanten und wurde so zum Mittelpunkt des kaiserzeitlichen Bürgertums. (Adel und Regierung blieben Unter den Linden.) Das erste „Kaufhaus des Westens" (Ka-

DeWe) öffnete 1907 seine Pforten, die U-Bahn führte bis zum Wittenbergplatz, insgesamt war ein zweites Berliner Stadtzentrum entstanden. Seine Glanzzeit erlebte der Kurfürstendamm in

Kaiser-Wilhelm-Gedächtnis-kirche auf dem Auguste-Viktoria-Platz (Breitscheidplatz) um 1930. Das etwa 72 x 37 Meter messende Gotteshaus, halb Ruhmeshalle für Kaiser Wilhelm I., halb Kirche, wurde 1891–95 von Franz Heinrich Schwechten im Stil der rheinischen Spätromanik (Schwechten wurde in Köln geboren) aus hellgrauem Sandstein errichtet. Der 113 Meter hohe Hauptturm der Westfront wird von zwei kleineren, 54 Meter zählenden Türmen flankiert, die Chortürme erreichten 62 Meter. Im großen Turm hing die 13 794 Kilogramm schwere Kaiserglocke.

den 20er Jahren des 20. Jahrhunderts, den Goldenen Zwanzigern, als buchstäblich zahllose Vergnügungs- und Unterhaltungseinrichtungen entstanden: Theater, Kinos, Cafés, Bars, Kabaretts, Revuen, Varietés usw. Das Dritte Reich machte dem freien künstlerischen und politischen Leben, die Bomben des Zweiten Weltkriegs machten dem imposanten Erscheinungsbild des Kurfürstendamms ein Ende. Nur wenige Zeugnisse alter Herrlichkeit blieben erhalten, die neue Bebauung der Nachkriegszeit hat einen anderen Kudamm geschaffen.

Kaiser-Wilhelm-Gedächtniskirche um 1905. Die Innenausstattung zeigte reichen Mosaikschmuck. Die Mosaiken der Gedächtnishalle unter dem Hauptturm nach Entwürfen von Fritz Schaper (1841–1919) zeigten Kaiser des alten Reichs und den Zug der Hohenzollernfürsten mit ihren Gemahlinnen zum Agnus Dei. Die Marmorreliefs von Adolf Brütt berichteten u. a. aus dem Leben Wilhelms I. In der Vierung, 21 Meter weit und 25 Meter hoch, hing eine Ringkrone mit einem Durchmesser von 5,5 Metern. Die Fenster der Kirche setzten ein bestimmtes Programm um: im Langhaus gab es Darstellungen der christlichen Tugenden, darüber Szenen aus dem Leben Christi; in den Chorfenstern erschienen Moses und die vier großen Propheten; in den Fensterrosen des Querschiffs waren die Darstellung im Tempel und die Auferstehung Christi zu sehen. Die Orgel besaß einen kupfergetrieben Prospekt und verfügte über 80 Register mit 4 800 klingenden Stimmen. Im Zweiten Weltkrieg wurde das Langhaus der Kirche stark beschädigt. Für erhaltenswert hielt man als Mahnmal für den Krieg lediglich den 63 Meter hohen beschädigten Westturm mit Eingangshalle, die zur Gedächtnishalle umgenutzt ist. Vor der Fassade stehen heute der achteckige Kirchenneubau und ein moderner Glockenturm von Egon Eiermann (1904–1970).

Zoologischer Garten um 1915, Elefantentor, Budapester Str. 9. Unter Leitung des Afrikaforschers Heinrich Lichtenstein wurde der Zoo 1841–44 als erster in Deutschland gegründet. König Friedrich Wilhelm IV. überließ der betreibenden Aktiengesellschaft einen Teil des Tiergartens. Die Berliner waren nicht nur von den bedeutenden Tierbeständen begeistert, sie sahen in ihrem Zoo dank seiner Anlage und Attraktivität geradezu einen Kurpark, dem also auch hohe gesellschaftliche Bedeutung zukam. Ein besonderer Anziehungspunkt war das Hauptrestaurant am Konzertplatz, das mit einer Kapazität von 20 000 Personen die seinerzeit größte Anlage dieser Art in der Welt war.

Theater des Westens, Kantstraße 12 um 1910. Hier wurden und werden vor allem Operetten und Musicals aufgeführt. 1895–96 ist das Haus nach Plänen von Bernhard Sehring gebaut worden. Es zeigt eine seltene Stilmischung aus Elementen des Empire, des Jugendstils und Palladio nachempfundenen Teilen. Die Berliner sprachen schon bald von ihrer „Zuckerdose". Die Hauptfassade zeigt über dem Sockelgeschoss eine siebenachsige Kolossalordnung mit Dreiviertelsäulen, zwischen die zweigeschossige Rundbogenfenster eingelassen sind. Darüber erhebt sich die schwere Attika mit ihren Skulpturen und Ecktürmen. Die Schmalseite zeigt unter dem Dreiecksgiebel vier hohe Dreiviertelsäulen. Das Bühnenhaus auf der Rückseite ist als Backsteinbau errichtet worden, mit neugotischen Formen und Fachwerk. In diesem Kunsttempel haben Caruso, Richard Tauber oder auch die Callas Triumphe gefeiert, hier zeigten Freddy Quinn und Ute Lemper ihr großes Können, hier wird noch immer höchst erfolgreich die leichte Muse gepflegt.

Hardenbergstraße um 1910 mit der Akademie der Bildenden Künste und der Königlichen Hochschule für Musik sowie der Kaiser-Wilhelm-Gedächtniskirche im Hintergrund rechts. Das Gebäude der Akademie der Bildenden Künste ist ein imposanter neubarocker Bau. Über dem hohen Rustikasockel mit Sockel- und Erdgeschoss erhebt sich das Hauptgeschoss. Die Mitte wird von einem dreiachsigen, vorspringenden Mittelrisaliten mit einem gebrochenen Rundgiebel betont, im Tympanon befindet sich ein Relief von Ludwig Manzel, das „die Künste unter dem Schutz des Friedens" darstellt. Darüber strebt ein steiles Zeltdach empor, das wiederum von einem turmartigen Aufbau gekrönt wird. Die Seitenflügel finden ihren Abschluss in einachsigen, nur leicht vorspringenden Risaliten mit Rundgiebeln und Wappenkartuschen. Die Preußische Akademie der Künste wurde bereits 1696 zur Zeit des Kurfürsten Friedrich III. und seiner Gemahlin Sophie Charlotte gegründet. Sie sollte Künstler ausbilden und dem Staat beratend zur Seite stehen. Die Hochschulen für Musik und bildende Künste wurden zwischen 1875 und 1882 zu eigenständigen Einrichtungen.

Akademie der Bildenden Künste am Steinplatz (Hardenbergstraße 33) links und Königliche Hochschule für Musik ((Hardenbergstraße/Ecke Fasanenstraße) um 1905. Die beiden Institutionen erscheinen als mächtige neubarocke Sandsteinbauten, errichtet 1898 bis 1902, zu denen die Architekten Heinrich Kayser (1842–1917) und Karl v. Großheim (1841–1911) die Pläne lieferten. Von der einstigen Königlichen Musikhochschule ist nur die Seitenfront mit dem Haupteingang zu sehen, die 180 Meter lange Hauptfront wendet sich der Fasanenstraße zu. Die Hochschule erhielt einen Konzertsaal, einen Theatersaal sowie die 1888 gegründete Staatliche Musikinstrumentensammlung mit reichen Beständen zur Entwicklung der Musikinstrumente und berühmten Einzelstücken berühmter Musiker, von der Flöte Friedrichs des Großen bis zu den Flügeln Bachs, Mendelssohns, Webers oder Clara Schumanns. Die ehemalige Akademie der Bildenden Künste oder Königliche Kunsthochschule, 1924 nach Angliederung der Kunstgewerbeschule Vereinigte Staatsschulen für freie und angewandte Kunst, wurde 1975 durch die Vereinigung mit der Musikhochschule zur Hochschule der Künste.

Technische Hochschule oder Polytechnikum um 1915 in einer Luftschiffaufnahme aus 100 Meter Höhe (Charlottenburger Chaussee, heute Straße des 17. Juni Nr. 135). Die heutige Technische Universität entstand 1879 aus der Zusammenlegung mehrerer Institutionen (der Bauakademie von 1799 und der Gewerbeakademie von 1821; 1916 Anschluss der Bergakademie von 1770) und wurde im Laufe der Jahre wiederholt erweitert durch Aus- und Neubauten. Die Aufnahme zeigt den mächtigen Komplex des mehrflügligen Hauptgebäudes, das Richard Lucae 1878 begann, das Friedrich Hitzig mit Veränderungen der Seitenflügel bis 1881 fortsetzte und das Julius Raschdorff 1884 vollendete. Am oberen Bildrand rechts erscheint die Kaiser-Wilhelm-Gedächtniskirche. Darunter sind die Gebäude der Hochschulen für Musik und Bildende Künste zu erkennen.

Technischen Hochschule um 1890: Fassade des etwa 230 Meter langen Hauptgebäudes in seiner ursprüng-lichen Gestalt. Der langgestreckte Komplex präsentiert sich im Stil der italienischen Hochrenaissance mit reich gestaltetem Mittelteil und ebenfalls deutlich betonten Flügelbauten. Die Aufnahme zeigt die Auffahrt zum Mittelbau, der sich über dem hohen Sockel in fast überreichem Schmuck zeigt mit korinthischen Säulen, Pilastern, Standbildern, Medaillons, Skulpturen, Reliefs usw. Nach Kriegsschäden von 1944/45 ersetzte man diese palastartige Fassade durch einen schmucklosen, ungegliederten Neubau.

Schiller-Theater (Bismarckstraße 110) um 1910. Das Gebäude wurde 1905–07 von Jacob Heilmann und Max Littmann als Volkstheater errichtet. Links zur Straße schließt sich ein Saalbau an. Ein umfassender Umbau erfolgte 1937–38 durch Paul Baumgarten d. Ä. Intendant wurde Heinrich George. Nach der Zerstörung im 2. Weltkrieg erfolgte 1950–51 unter Verwendung erhaltener Bauteile der Wiederaufbau nach Plänen der Architekten Heinz Völker und Rudolf Grosse.

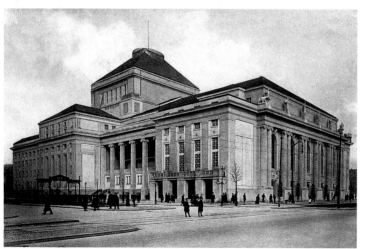

Deutsches Opernhaus bzw. Städtisches Opernhaus (Bismarckstraße 34–37) um 1913. Es wurde 1911–12 nach Plänen von Heinrich Seeling errichtet und 1935 von Paul Baumgarten umgebaut. Seine Glanzzeit erlebte es mit Dirigenten wie Richard Strauss, Bruno Walter, Leo Blech, Wilhelm Furtwängler, Erich Kleiber oder Otto Klemperer. Das Opernhaus wurde 1944/45 stark beschädigt. 1961 erfolgte die Neuerrichtung, die erhaltene Teile wie Werkstätten, Magazine und Bühnenhaus einschloss.

Königliches Polizei-Präsidium (Kaiserdamm 1) um 1910. Die frühere Polizeiinspektion Charlottenburg, das heutige Polizeirevier 32, wurde 1906–10 von Oskar Launer und Otto (?) Kloeppel erbaut. Das gewaltige, neubarocke Gebäude, neben dem die Menschen geradezu winzig erscheinen, drückt gerade durch seine überwältigende Größe den Machtanspruch des Staates aus. Über dem hohen Sockelgeschoss erheben sich drei weitere Stockwerke sowie das entsprechend hohe Mansarddach. Ein dreiachsiger, mit Pilastern gegliederter Mittelrisalit mit Rundgiebel und Dachreiter beherrscht die Hauptfassade, deren Ecken durch zwei weitere, ebenfalls leicht vorgezogene Risalite betont werden. Der riesige Gebäudekomplex umschließt zwei Innenhöfe. Umbauten im Dachgeschoss 1953/54 führten zum Verlust des Dachreiters, womit ein wesentliches Merkmal verschwand.

Charlottenburger Rathaus um 1910 (Otto-Suhr-Allee 96–102, früher Berliner Straße). Das Rathaus wurde 1899–1905 von Reinhardt & Süßenguth erbaut. Es erscheint noch ohne den zweiachsigen Anbau Heinrich Seelings von 1911–16. Das Bauwerk wird geradezu beherrscht von dem mit 89 Metern ungewöhnlich hohen Turm, wohl Ausdruck bürgerlichen Selbstverständnisses im Blick auf die nahe Schlosskuppel. Die zweizonige Fassade zeigt sich in reichem figürlichem und ornamentalem Jugendstilschmuck mit zwei unteren Geschossen, über denen, durch die hohen Fenster ersichtlich, die Festsäle eingerichtet wurden. Allegorische Figuren der Stände und Wappenkartuschen sind im Wechsel darüber angeordnet. Über dem risalitartig betonten Haupteingang mit seitlichen Türmchen befinden sich die Verkörperungen der Gerechtigkeit und der Weisheit, besonders angemessen für ein Rathaus. Es wurde im Krieg etwa zur Hälfte zerstört, Fassade und Turm konnten erhalten werden.

Königliches Schloss um 1910. Johann Arnold Nering erbaute 1695–99 für die Kurfürstin und spätere Königin Sophie Charlotte das kleine Landschloss Lietzenburg (nach dem Tod der Königin 1705 Charlottenburg genannt), das Eosander von Göthe bereits 1701–07 vergrößerte und mit der 48 Meter hohen Kuppel ausstattete. Außerdem errichtete er die südlichen Flügel und die Orangerie. Den Ostflügel, das Neue Schloss, ließ Friedrich der Große von Georg Wenzeslaus von Knobelsdorff 1740–43 ausführen. Die Abbildung zeigt den weiten Ehrenhof und das Corps de Logis mit dem elfachsigen Hauptbau, dessen Mitte von einem dreiachsigen Risaliten mit Dreiecksgiebel und dem hohen Kuppelturm mit Laterne hervorgehoben wird. Als Wetterfahne erscheint auf der Turmspitze eine vergoldete Fortuna. Auf den Torpfeilern stehen zwei Nachbildungen des so genannten Borghesischen Fechters, einer römischen Skulptur des 1. Jahrhunderts v. Chr.

Königliches Schloss, Parkseite um 1910. Die Aufnahme zeigt den Mittelteil der 505 Meter langen Gartenfront. Der ovale Gartensaal tritt deutlich hervor. Im 2. Weltkrieg wurde das Schloss schwer beschädigt, so brannten der Mittelbau und der Neue Flügel fast vollständig aus. Die Wiederherstellungsarbeiten dauerten bis Ende der sechziger, die Innenrekonstruktion bis Ende der siebziger Jahre.

Mausoleum um 1910. Nach Plänen von Karl Friedrich Schinkel wurde die Anlage als Tempel mit dorischen Säulen 1810–12 von Heinrich Gentz (1766–1811) errichtet. Erweiterungen folgten 1841 und 1889.

Inneres des Mausoleums um 1895. Zu sehen sind die Sarkophage der Königin Luise und ihres Gemahls, des Königs Friedrich Wilhelm III. Der Kenotaph der Königin wurde 1811–14 von Christian Daniel Rauch, der ihres Gemahls nach Rauchs Entwurf von Carlo Baratta 1841 geschaffen. Ihre letzte Ruhestätte fanden hier u. a. auch die zweite Gemahlin Friedrich Wilhelms III., die Fürstin Liegnitz, ferner Kaiser Wilhelm I. und seine Gemahlin, die Kaiserin Augusta.

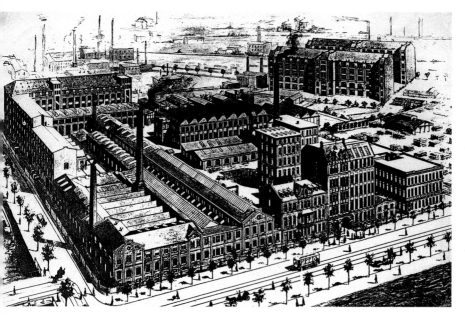

Siemens-Werner-werk in Charlottenburg Ende des 19. Jahrhunderts. Berlin besaß bereits eine jahrhundertealte gewerbliche Entwicklung, die nicht zuletzt durch Friedrich den Großen entscheidende Impulse erfahren hatte, ehe die Stadt sich etwa seit der Mitte des 19. Jahrhunderts in raschem Wachstum zum größten deutschen Industriezentrum entwickelte. Vor allem die Maschinenbau-Industrie erlangte schon früh große Bedeutung. Ebenso ist der mit dem Namen August Borsig verbundene Eisenbahnbau zu erwähnen, ferner die chemische Industrie und schließlich die Elektroindustrie, die engstens mit dem Namen Werner Siemens verknüpft ist. Die Abbildung steht, wie auch die folgende, stellvertretend für die zahlreichen Industrieanlagen, die um die Jahrhundertwende aus dem Berliner Boden gestampft wurden. Werner Siemens und Georg Halske errichteten 1847 eine Telegraphen-Bauanstalt und übernahmen bald die führende Rolle im Aufbau des preußisch-deutschen Telegraphennetzes. Die Firma Siemens & Halske zog 1852 von der Schöneberger Straße zur Markgrafenstraße um, wo sie rund fünfzig Jahre verblieb. Das Unternehmen war in allen Sparten der Elektrotechnik tätig, in der Telegraphentechnik wie in der Starkstromtechnik. Auf der Gewerbe-ausstellung 1879 präsentierte die Firma die erste dynamoelektrische Lokomotive. Zwei Jahre später wurde in Lichterfelde die erste elektrische Straßenbahn eingeweiht, die allen weiteren elektrisch betriebenen Verkehrsmitteln den Weg in die Zukunft eröffnete. Zum einzigen ernsthaften Konkurrenten entwickelte sich die von Emil Rathenau begründete „Allgemeine Elektricitätsgesellschaft" (AEG).

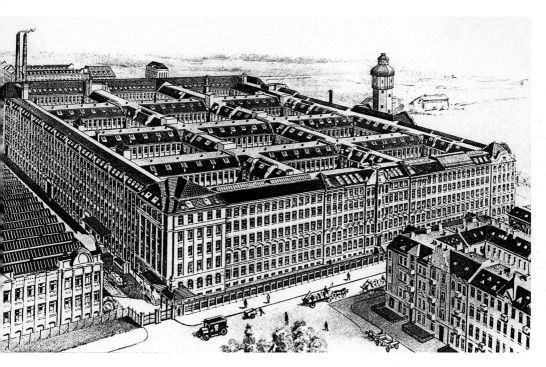

Siemens-Wernerwerk in Charlottenburg 1914. Im Vergleich mit der voranstehenden Abbildung wird die außergewöhnliche Entwicklung des Unternehmens sichtbar. Seit 1898/99 hatte Siemens mit dem Bau von Industrieanlagen zwischen der Spree und dem Spandauer Schifffahrtskanal begonnen, einschließlich werkseigener Siedlungen, da in Kreuzberg, Schöneberg und Charlottenburg keine Expansionsmöglichkeiten mehr bestanden. Es entstand geradezu eine eigene Stadt, die 1913 folgerichtig auch einen Namen erhielt: Siemensstadt. Inoffiziell wurde die Bezeichnung „Elektropolis" geprägt.

239

240